Jan Kuhlbrodt
Lexikon der Statussymbole

Jan Kuhlbrodt

Lexikon der Statussymbole

Gustav Kiepenheuer Verlag

ISBN 3-378-01054-1

1. Auflage 2001

© Gustav Kiepenheuer Verlag GmbH, Leipzig 2001

Einbandgestaltung Therese Schneider

unter Verwendung eines Fotos von elektra Vision AG

Typographie Dieter Wendland

Druck und Binden GGP Media, Pößneck

www.gustav-kiepenheuer-verlag.de

Inhalt

MEISENFISCH UND SCHLANGENHASE
(Vorwort)

Sie sei schon eine Punkerin gewesen, bevor es diesen Namen gab, gestand Vivienne Westwood kürzlich in einem Interview zu ihrem 60. Geburtstag. Wenn man nun annimmt, Frau Westwood habe die letzten vierzig Jahre vor einem Springbrunnen in einer westlichen Großstadt zugebracht, sie habe DocMartens und zerschlissene Jeans zu verfilzten, grün gefärbten Haaren getragen, Dosenbier getrunken und nichtsahnende, bürgerliche Passanten angebettelt, dann hat man sich gründlich geirrt. Schließlich wurde Frau Westwood von der Modezeitschrift *Women's Wear Daily* zu einer der sechs besten Modeschöpferinnen gekürt.

Die Etikettierungen stimmen nicht mehr. Vom Erscheinungsbild auf Wesen und Status eines Menschen zu schließen, verlangt jede Menge Fingerspitzengefühl. Statussymbol, Arbeitskleidung und Mode bilden eine Melange. Es ist daher kaum möglich, von einer orangefarbenen Regenjacke mit Reflexionsstreifen an den Ärmeln auf den Beruf des Besitzers zu schließen. Begegnet man um fünf Uhr morgens jemandem in so einer Jacke, und hat er dazu noch dunkle Ringe unter den Augen, so muß das kein Straßenfeger sein, der zur Schicht geht. Genausogut könnte der Mann aus irgendeinem Club kommen, in dem er die Nacht durchgefeiert hat.

Der Schein trügt nicht einmal mehr. Die Spur der Spur ist verblaßt. Selbst Derrida hätte wohl Mühe, ihr zu folgen. Man möchte dieses und jenes Image, diese und jene Pose einnehmen – ob sie von den anderen verstanden wird oder ob sich dieses Image womöglich schon wieder selbst parodiert, steht auf einem ganz anderen Blatt.

Die Symbole, mit denen man seinen Status, bewußt oder unbewußt, ausdrückt, sind dabei ebenso zahlreich wie die verschiedenen gesellschaftlichen Positionen, die man heutzutage anzeigen kann: Da ist der Reiche und Mächtige, der Aussteiger, der Hipster, der Rebell, der Familienmensch, die Emanze, die Polyglotte, der absolute Ästhet und so weiter und so fort. Sie alle sitzen in einem Karussell der Identitäten, das seit der bürgerlichen Revolution immer mehr an Fahrt gewonnen und heute eine Geschwindigkeit erreicht hat, bei der einem nicht nur vom Mitfahren, sondern schon vom bloßen Zugucken schwindlig wird.

Früher trugen die Figuren auf dem Karussell die Zeichen ihres ureigensten Standes oder Berufes. Es waren Uhrmacher mit Lupe in grauen Schürzen und Lehrer mit Zeigestock und Kneifer zu sehen. Man achtete darauf, daß niemand sich mit fremden Federn schmückte. Dann kam das Karussell in Schwung. Die Hüte wechselten die Köpfe wie die Schürzen die Bäuche. Schuhe wirbelten durcheinander, bis die Bäuche und selbst die Köpfe wechselten. Hat man sich an die Drehungen gewöhnt, herrscht eine große Leere im Kopf. Fremde Federn scheint es nicht mehr zu geben.

Das heißt nicht, daß die Figuren sich nicht mehr voneinander unterscheiden. Jede ist anders als die anderen, doch keine ist sich selber gleich. Es ist aller Tage Karneval. Nur die Polizisten, die die Party überwachen, tragen streng und unverkennbar ihre Uniformen. Doch auch sie sind verwirrt, klammern sich an ihre Walkie-Talkies, um schnell den Chef erreichen zu können, um, wenn es sie zu sehr schwindelt, ihren Abschied zu nehmen und vielleicht anderswo als Extremtouristen aufzutauchen. Das Marxsche Ideal, daß einer morgens Jäger ist, mittags angelt und am Abend Bücher schreibt, scheint verwirklicht. Der Schein der absoluten Freiheit brennt auf die Köpfe.

Da hilft nur ein Sonnenhut aus Bankauszügen.

Im Wirbel der Selbstinszenierungen sind Statussymbole nur noch sehr schwer auszumachen. Für jedes teure Produkt findet sich heute ein Billiganbieter aus der dritten Welt. Fast jeder kann sich so ausstaffieren, daß er dem Bild entspricht, welches er am liebsten von sich sieht.

Es bleibt ein Bodensatz von Menschen, für die ein gefundener Schuh kein Readymade ist, sondern ein Kleidungsstück. Sie besorgen sich ihre Sachen aus der Altkleidersammlung und sehen aus, als hätten sie sich in einem billigen Secondhandstore ausstaffiert. Doch fallen sie nicht weiter auf, da es sich dabei um einen Spleen handeln könnte, der darin besteht, sich in alten, stinkenden Stoff zu hüllen.

Will man wissen, mit wem man es wirklich zu tun hat, sollte man Einblick in die Bankunterlagen des Betreffenden verlangen. Diese Dokumente lügen selten. Am aufschlußreichsten ist dabei die Höhe des vom Bankhaus gewährten Kredits. Denn wer hat, dem wird man immer was borgen.

Versetzen wir uns nun in die Lage eines zornigen jungen Mannes, der auf der untersten Stufe der Marmorumrandung eines Springbrunnens sitzt, mitten in Berlin. Von seinem Onkel, einem gealterten Punk, hat er gelernt, die Welt in Spießer und Aufrechte einzuteilen. Der

Onkel hatte auf Familienfesten stundenlang davon ge-
sprochen, wie man sie erkennt, die Angepaßten und
Korrumpierten, und wie man jenseits von Mode und Tradition ein freies Leben führt. Hin und wieder war der
Vater des Jungen, ein erfolgreicher Versicherungsmakler,
ins Zimmer getreten, mit lockerem Schlips und ohne
Jackett. Er hatte seinem Bruder zugehört und dabei milde
gelächelt. Eines Tages klaute der Junge die alte Lederjacke des Onkels und zog ins Zentrum von Punk und
Business, von Pro und Contra, Hü und Hott, Flens und
Benz – er ging natürlich nach Berlin.

Es ist ein warmer Frühlingstag. Tauben teilen sich ein
Brötchen mit dem Jungen. Über ganz Berlin breitet sich
blauer Himmel. Ein Zeppelin schimmert hinter dem
Fernsehturm hervor. Er wirbt für Fuji-Filme.

Die alte Lederjacke, auf die hinten eine Zielscheibe gemalt ist, hat der Junge abgelegt. Die Schweißränder auf
seinem T-Shirt sind fast getrocknet. Etwas Salz zeichnet
sich weiß unter den Achseln ab, und der Junge bemüht
sich redlich, die Passanten nach Maßgabe seines Onkels
einzuordnen in jene, die es zu hassen gilt, und jene, die
er eher lieben sollte.

Aber die Passanten wollen nicht in die Kategorien des
Onkels passen. Die Ordnungsschemata, die der Junge
vom *The Clash* hörenden Altpunk übernommen hat,
greifen nicht. Er würde gern ein paar Spießer ausmachen,
rebellieren, provozieren oder wenigstens vor jemandem
ausspucken; allein, er schluckt die Spucke jedesmal wieder runter. Nämlich er befolgt eine alte Regel und überlegt lieber dreimal, bevor er ausspuckt. Er will niemanden grundlos verletzen.

10

Der Junge sieht Anzugträger. An ihren Ärmelenden schimmern die Etiketten von *Boss* und *Versace*. Doch es sind keine schnöselhaften Jungunternehmer, es sind auch keine jugendlichen Rentiers. Es handelt sich bei näherem Hinhören um eine Gruppe aufstrebender Schriftsteller, die ihr Zusammensein *Tristesse Royal* nennen und auf dem Weg zum Berliner Hotel Adlon sind. Die Anzugträger schauen den Jungen mitleidig an. Einer lacht und wirft ihm ein halbes Päckchen Zigaretten zu. *Nil* im Softpack.

Eine Gruppe japanischer Abiturientinnen zischt auf Rollerblades vorbei. Sie haben Digitalkameras in der Hand, die in eine Streichholzschachtel passen würden. Der Junge wendet sich ab.

Cannabisduft weht heran. Der Junge hebt den Kopf, um die Richtung zu erschnüffeln und sich über die kiffenden Althippies zu amüsieren. Er sieht aber nur zwei ältere Frauen, die ihre fahrbaren Einkaufstaschen aneinandergelehnt haben und abwechselnd an einem großen Joint ziehen.

In der Nähe nehmen zwei Polizisten die Personalien eines Mannes auf, der trotz der Hitze einen Wintermantel trägt. Wahrscheinlich vermuten sie, daß er darunter nackt sei. Darunter trägt der Mann aber eine orientalische Uniform. Er weist sich als Gesandter eines Scheichtums aus. Das hätte ich auch nicht erkannt, denkt der Junge und sucht nun selbst seinen Ausweis. Doch die Polizisten gehen davon, als hätten sie ihn gar nicht gesehen.

Ein Indio von der Inkaband schaut auf sein Rolex-Imitat, als hätte er noch anderswo einen Termin. Vor dem KdW vielleicht.

Der Junge erinnert sich an ein Kartenspiel, das er als Kind oft mit seiner Mutter gespielt hatte. Drei Karten ergaben einen Tierkörper. Man konnte so lange suchen, bis Kopf, Rumpf und Schwanz richtig zugeordnet waren, bis man ein Pferd oder einen Hasen gefügt hatte. Man konnte aber auch Phantasiegebilde legen, die Köpfe und Schwänze beliebig kombinieren, so daß niemand zu sagen wußte, welches Tier man eben gelegt hatte. So ist die Welt, denkt der Junge, sie ist ein Schweinebauch mit Pfauenschwanz und Schlangenkopf.

Eine Prozession zieht vorbei. Dem Dialekt nach sind es Schwaben. Sie haben sich chinesisch gekleidet und führen bunte Papierdrachen mit. Sie feiern das Drachenfest, und sie machen das besser als echte Chinesen, denn sie haben einen Kurs »Chinesische Drachenfestzeremonien« besucht.

Nach drei Stunden gibt der Junge es auf, die Passanten in verabscheuungswürdige und liebenswerte Menschen einteilen zu wollen. Er haßt und liebt sie alle. Er zieht sich die Lederjacke seines Onkels wieder über und steht bald schwitzend vor dem Bahnhof Zoo. Dort bettelt er wahllos jeden an, bis er das Geld für eine Dose Bier und eine Telefonkarte zusammenhat. Er fragt sich beim Essen, ob er seinen Vater anrufen sollte, um ihm den Sieg über den Onkel zuzusprechen. Dann würde er das Geld des Vaters annehmen und Betriebswirtschaft oder Informatik oder Jura studieren. Wahrscheinlich wird er es tun.

AKTIEN

Das waren schon verrückte Zeiten, als Broker noch kein Massenberuf war. Tresore waren hinter echten Ölgemälden aus dem siebzehnten Jahrhundert in die Wand eingelassen. Die Bilder dienten als schmucke Tarnung und nicht als Anlagewerte. Maskierte Räuber schlichen mit Stethoskop und Dynamit bewaffnet an die Gemälde und witterten die Panzerschränke, die es zu knacken galt. Das Fluchtauto war ein schwarzer Ford. Einer der Safeknacker konnte auf dem Trittbrett stehen und auf die Verfolger schießen.

Am nächsten Morgen kam ein dicker Mann ins Büro, der aussah wie der junge Orson Welles im Nadelstreifenanzug, und legte die dicke Zigarre auf den schweren Aschenbecher, der auf dem schweren Schreibtisch stand. Er drehte sich um. An der Wand fehlte das Bild mit den Seerosen und der nackt badenden, ebenfalls dicken Frau. Der Mann sah das Loch in der Stahltür, dessen Ränder noch leicht vor sich hin glommen.

Eigentlich hatte der dicke Mann seine Füße auf den Schreibtisch legen und in den Börsennachrichten blättern wollen. Jetzt rief er nur »Rosebud« oder ein anderes kryptisches Wort und schließlich nach seinem Arzt. Der Arzt eilte sogleich mit einem Fläschchen Riechsalz herbei.

Im Tresor fehlte nichts; kein Bargeld, nicht der Diamant für die Frau des Mafiabosses und auch nicht die kubanischen Zigarren. Auch das Bild war nicht weg. Es war nur heruntergefallen und leicht beschädigt. Aber die Aktien der East-Western-Railroad-Company Inc. waren nicht mehr da, und genau diese waren über Nacht gestiegen. Mit dem Spekulationsgewinn hätte der dicke Mann den Diamanten in einen doppelt so großen umtauschen können.

Er erholte sich jedoch bald von seinem Verlust und kaufte neue Aktien. Erst der Schwarze Freitag von 1929 trieb ihn in den Selbstmord. Aktienbesitz galt bis dato als Privileg der oberen Zehntausend.

Doch die Nazis erfanden in den Dreißigern die Volksaktie und finanzierten damit den Bau des Volkswagenwerkes. Nach dem Zweiten Weltkrieg taten es ihnen andere Unternehmen gleich und gaben ebenfalls Volksaktien aus. Für die Kleinaktionäre hatten die Papiere damals etwa die gleiche Bedeutung, wie sie der Sparstrumpf für die Oma hatte, und im Prinzip begann damit jene Entwicklung bis hin zum Aktienfieber, deren vorläufigen Höhepunkt wir im Jahr 2000 erlebten. Der Computer hatte Einzug gehalten, und die universelle Verkabelung versetzte das eigene Wohnzimmer nun direkt in die Wallstreet. Man konnte von zu Hause aus und in Jogginghosen kleine Anlagedepots verwalten. Der einfache Bürger roch Lunte und das schnelle Geld. Ganz Verwegene versuchten es sogar mit Warentermingeschäften.

Die letzte Dekade des vergangenen Jahrtausends war vom Aktienfieber geprägt. Die Papiere bekamen Kosenamen wie *T-Aktie* oder *Aktie Gelb*. Manch einer entwickelte gar ein libidinöses Verhältnis zur Kapitalanlage und spezialisierte sich auf Erotikwerte wie die Beate-Uhse-Aktie.

Schulklassen besuchten die Börsen, und die Broker setzten Trends von der Kleidung bis zu den **Mobiltelefonen.**

Heutzutage ist fast jeder Aktienbesitzer oder irgendwie über seine Bank an irgendeinem Fonds beteiligt. Börsenspekulation ist nichts Besonderes mehr. Aktien liegen in sicheren Banksafes. Die Panzerschrankknacker sind in Rente gegangen.

Worte wie Mitnahmegewinn, Option und Obligation sind im Alltag des Apothekers zu Hause wie Penizillin und Aspirin. Wenn der Familienvater aus dem Büro kommt, zieht er sich erst einmal in sein Arbeitszimmer zurück und studiert das Börsentelegramm. Noch vor den Katastrophenmeldungen wird in den Abendnachrichten vom Börsenklima berichtet. Dax und Nemax sorgen für gute oder schlechte Stimmung bei Tisch wie seinerzeit der Wetterbericht. Kurz: Wer heute nicht spekuliert, ist ein armes Schwein.

Sogar in bayerischen Scheunen sitzen pubertierende Finanzgenies und träumen, während der Vater in der Scheune Stroh wendet, von ihrer ersten Million. Die **Volkshochschule** bietet Börsenkurse an, und Aktionärsversammlungen sind Massenveranstaltungen geworden. Das ist Wirtschaftsdemokratie.

Ich mache in Risikokapital, sagt der Bäcker, und die Klofrau bereitet den Börsengang vor, nachdem sie schon eine Domain im Internet gemietet hat. Neben dem Groschenteller liegt die *financial times*. Die Klofrau zeigt sich besorgt über den Nemax 50. Wenn jetzt auch *Intershop* einbricht, investiere ich lieber wieder in traditionelle Werte. Der Mann von der Schuhschnellreparatur nickt. Ich bin schon umgestiegen, sagt er, **Autos** rollen immer.

Allerdings können die verbliebenen Großaktionäre diese

Volksbewegung nur belächeln. Sie sitzen, Handy griff-
bereit, auf ihren **Yachten** – und ihre Lieblingsworte sind
noch immer Kaufen, Verkaufen und Rosebud.

Ausgewählte Gebühren (in Euro):
Kauf und Verkauf von deutschen Aktien
bei der Commerzbank:
im Wert von   1 000,– Euro: 15,34
im Wert von   5 000,– Euro: 25,56
im Wert von 10 000,– Euro: 51,13
Mindestgebühr pro Order: 15,34

ANWESEN

Am liebsten beliefert der Paketpostbote die nicht ganz so
Reichen, denn deren Häuser stehen meist in der Nähe
des Gartentors. Zwar bellen hinter den Zäunen Hunde,
und Videokameras speichern elektronisch jede Regung
des arglosen Postangestellten, doch kann er sich schnell
seiner Fracht entledigen und dann dem Feierabend ent-
gegenbrausen. Tore, die sich automatisch öffnen, nachdem man eine Weile über die Gegensprechanlage mit
dem Securitydienst kommuniziert hat, mag der Paketpostbote hingegen weniger gern.
Nach dem Passieren des Tores muß er nämlich im Schritt-
tempo auf einem Schotterweg entlangfahren. Immer ge-
radeaus und nach wenigen Kilometern um einen kleinen
See herum, der das Zentrum des englischen Gartens bil-
det. Der Paketpostbote würde gern rauchen, doch das ist
auf diesem Anwesen verboten. Zwar ist weit und breit

kein Mensch zu sehen, aber der Postmann raucht trotzdem nicht.

Denn der Postler hat so seine Erfahrungen. Einmal hatte er
sich eine Zigarette angesteckt, und der Rauch hatte einen
unwahrscheinlichen Lärm ausgelöst, denn überall in den
Eichen waren Alarmanlagen und Rauchmelder installiert. Ein eisiger Wasserstrahl aus einer getarnten Lösch-
anlage hatte ihn durchs offene Autofenster getroffen.

Wenn der Paketpostbote in den französischen Park ein-
biegt, ist das Herrenhaus schon fast zu sehen. Er muß nur
noch durch ein Spalier kunstvoll geschnittener Buch-
hecken.

Es dauert manchmal eine halbe Stunde, bis er sein Paket
los ist. Und dann sieht er den berühmten Mann, der das
Herrenhaus bewohnt, noch nicht einmal. Denn der
schickt einen **Bodyguard**, der die Unterschrift zu leisten
und das Paket auf Bomben zu untersuchen hat. Mit dem
Autogramm des berühmten Menschen, um das die Oma
den Paketpostboten gebeten hatte, wird es wieder nichts.

Metropolen wie Tokio und New York stellen die Post-
boten vor ähnliche Probleme. Aufgrund der hohen
Grundstückspreise sind dort die Häuser in unermeßliche
Höhen gewachsen. Während der Zusteller auf den größeren Anwesen die wunderschön gestalteten Gärten genießen kann, verbringt er hier die meiste Zeit im Aufzug.
Und in Aufzügen ist das Rauchen ebenfalls streng verboten.

In Deutschland ist das eigene Stück Land nach wie vor
erklärtes Ziel vieler junger Ehepaare. Wer gut arbeitet
und Bausparverträge abschließt, kann's schaffen; wer
nicht, muß sich halt mit einem dreieckigen, von Bahn-

gleisen gesäumten Stück Pachtland begnügen. Wenn das Anwesen noch nicht bebaut ist, setzt man ein mehr oder weniger geschmackvolles **Haus** darauf und wohnt darin, umgeben von Bäumen und Rabatten, die bis zu den Gleisen oder zum nächsten Garten reichen.

Der alte Adel vererbt seine Wälder und Wiesen mit den Familienschlössern oder stellt einen Antrag auf Rück-übereignung, sollte er in Ostdeutschland über Ländereien verfügt haben.

Neureiche wie Claudia Schiffer dagegen treibt es auf die Balearen. Kaum hatte die sich auf Mallorca eingekauft, umzäunte sie ihre frisch erworbene Finca und schnitt damit Spaziergängern einen Wanderweg ab. Die gingen auf die Palme. Schiffer bestand auf ihrem Recht, die Wanderer auf Tradition. Nach Jahren des Streites versprach das Topmodel, einen neuen Spazierweg zu bauen, der ihr Privatgrundstück nicht tangiert.

So etwas wäre ihr in Amerika nicht passiert, denn dort darf man für Geld bekanntlich alles machen und muß sich nicht mit Bürgerrechtlern oder Naturschwärmern rumärgern. Wer ein Schloß braucht, importiert sich eines. Siegfried und Roy legten einen riesigen Park für ihre weißen Tiger an, und Michael Jackson ließ sich einen Privatzoo bauen. Auf einem Grundstück mit Tafelberg kann man die Konterfeis seiner Lieben in den Stein meißeln lassen. Sie blicken dann wie die Präsidenten vom Mount Rushmore auf das weite weite Land.

Ein beim »Immobilien-Scout 24« gefundenes Grundstück (kurzfristig bebaubar) von 1260 qm in Berlin-Köpenick kostet 5 544 000,– DM.

Ein Anwesen in Nizza (wunderschöne Villa im mediterra-
nen Stil, Schwimmbad, Doppelgarage, Panoramablick auf
Nizza, Wohnfläche 260 qm; Gesamtgrundstück 2000 qm)
kostet 9,8 Mio. französ. Franken.

AUTOS

Um 1900 deutete sich an, daß Öl der Stoff ist, aus dem
die Träume des 20. Jahrhunderts sind. Mobilität wurde
zum Zauberwort. Verbrennungsmotoren erwiesen sich als
schneller und leistungsfähiger als Elektromotoren. Ver-
suche mit Holz und Gas als Energiequelle scheiterten.
Die Gesamtleistung der Antriebsmotoren in der Welt betrug zur Jahrhundertwende etwa 100 Millionen PS, und
am historischen Horizont formierte sich das, was wir
heute Blechlawine nennen. Mit dem Auto kam das Auto-
rennen; das erste fand übrigens 1894 zwischen Paris und
Rouen statt. 1920 betrug die Weltmotorenleistung bereits
600 Millionen PS, und die italienischen Futuristen um
Marinetti hatten in der Geschwindigkeit ein ästhetisches
Kriterium erkannt, das sich nur mit modernster Automo-
biltechnik umsetzen ließ. In den »Goldenen Zwanzigern«
dann wurde das Auto endgültig zum Traumobjekt; in
Sachsen etwa waren im Jahr 1927 schon 27 936 Per-
sonenkraftwagen und 10 683 Lastkraftwagen registriert.
Selbst Bertolt Brecht dichtete in jenen Jahren Zeilen wie:
»Gott ist Wiedergekommen/In Gestalt eines Öltanks«.
Wenngleich der Dichter als Bürgerschreck firmierte, ließ
er es sich nicht nehmen, Werbetextchen für die Autoindustrie zu verfassen und seine Liebe zu schnellen Ge-

fährten auszuleben. Die Autos wurden allmählich zu dem, was sie noch heute in vielen Familien sind: oberstes Sparziel, Garanten des wohlverdienten Wochenendausflugs oder Urlaubstrips. Da heutzutage beinahe jeder ein Auto hat, kann der mögliche Status allenfalls noch über die Automarke angezeigt werden. Die Industrie führt auf allen Preisebenen einen erbitterten Kampf um den Käufer. Ikonen unseres Jahrhunderts wie Grace Kelly und James Dean sind in ihren Sportwagen umgekommen. Popsänger Falco hat noch im Tod das eine Statussymbol (Kokain) mit dem anderen (Auto) zusammengebracht. Lady Di und Dodi Al-Fayed endeten in einem Pariser Tunnel an einem Pfeiler.

Ich brauche mein Auto, sagen die Fahrer von Kleinwagen und praktischen Familienkarossen. Ich liebe mein Auto, sagen die Fahrer von Sportwagen und Oldtimern. Was dem einen Gebrauchsgegenstand, ist dem anderen tatsächlich ein Statussymbol. Als solches repräsentieren sie höhere Gehaltslage und guten Geschmack, womöglich auch eine gewisse Verwegenheit. Geradezu legendär ist neben *Rolls Royce*, *Bugatti* und *Lamborghini* der *Bentley Continental R Mulliner*. Dieser Wagen wird von englischen Spezialisten handgefertigt und mit den kostbarsten Materialien ausgestattet. Der Preis für das fünfeinhalb Meter lange Standardmodell liegt bei knapp siebenhunderttausend Mark. Der teuerste Porsche hingegen kostet derzeit läppische dreihundertzwanzigtausend Mark.

Wie heftig die Liebe zum Auto sein kann, verdeutlicht der Fall der 1977 verstorbenen Sandra Illene West. Die Sechsunddreißigjährige wurde gemäß ihrer testamentarischen Verfügung in ihrem hellblauen Ferrari auf dem

Friedhof von San Antonio bestattet. Zur Sicherheit wurde dieses Autograb rundherum mit Maschendraht versehen und einbetoniert.

Im Gegensatz zu Leuten wie Günter Grass oder Marcel Reich-Ranicki, die sich chauffieren lassen, fahren Sportwagenpiloten natürlich selbst. Auf Abendgesellschaften sprechen sie von dem Gefühl, einen Wagen wie Porsche oder Jaguar über die Serpentinen durch die mediterrane Sonne von Monaco nach St. Tropez zu lenken und dabei Champagner aus den Schuhen schöner blonder Damen zu trinken.

Menschen, die ihr Auto wirklich brauchen, sind Familienväter, Vertreter und andere Geschäftsleute. Sie haben andere Kriterien als die Sportwagenmänner; etwa den Benzinverbrauch oder die Größe des Kofferraums, in den möglichst ein Kinderwagen passen sollte.

Sicher, man kann anhand der Autos grob auf Familienstand, Einkommen und gesellschaftliche Stellung schließen, aber man kann sich auch täuschen. Es gibt Schummler; Menschen, die ihre Ansprüche mit Blick aufs Auto zurückgeschraubt haben. Sie leben von Brot und Wasser. Sie tragen die billigste Kleidung und wohnen in ofenbeheizten, feuchten Einraumwohnungen oder als einziger Nichtstudent in einer Studenten-WG. Sie gehen zum Duschen extra in die Uni-Sporthalle, um die eigenen Nebenkosten niedrig zu halten. Das alles tun sie nur, um das Auto fahren zu können, welches sie sich immer schon erträumt haben. Nach langen Jahren der Entbehrung haben sie endlich das Geld für einen gebrauchten Porsche oder einen Jaguar zusammengekratzt. Jeder würde den Bluff erkennen, wenn sie lässig aus ihrem Autos stiegen und die viel zu kurze Jacke ihres Konfirmandenanzuges trügen. Deshalb fahren sie bei jedem Wetter in kurzen, ausgewaschenen Jeans und tragen ein T-Shirt mit verblichenem Aufdruck. Ihre Sonnenbrille haben sie auf die Stirn geschoben. Das wirkt lässig. Was sie nicht wissen: Ein derart zusammengeknapptes Statusymbol parodiert sich selber. Reichtum und Stil wirken nur, wenn sie mit einer quasi gottgegebenen Leichtigkeit daherkommen.

Ein Porsche 993 GTZ/Rennversion (gebraucht 15 000 km) ist für ca. 250 000,– DM zu haben. Der Grundpreis für einen Lamborghini-Neuwagen beträgt ca. 450 000,– DM.

BADEZIMMER

Irgendwann in den siebziger Jahren muß ein amerikanischer Designer vor einer Toilettentür gestanden und versucht haben, völlig unauffällig zu wirken. Ein Spanner, dachte eine Frau, die schon zum dritten Mal vorbeiging. »Verdammt«, sagte der Designer leise zu sich.

Er stand schon eine ganze Weile vor der Tür. Langsam bezweifelte er, den richtigen Ort für sein Experiment gewählt zu haben. Endlich ging eine junge Dame auf die Toilette. Der Designer rückte näher an die Tür. Es dauerte nicht lange, und er hörte einen leisen Aufschrei und dann ein lautes Lachen. Da rieb er sich die Hände.

Der Designer, der endlich Stardesigner werden wollte, hatte nämlich eine Toilettenbrille aus Plexiglas entworfen, in die er ein Stück Stacheldraht eingegossen hatte. Das sorgte für Schock und Erheiterung – wie eben große

Kunst es tut. Und die Brille ließ sich variieren. Man konnte in den Rahmen anstelle des Stacheldrahtes Plastikmaden oder echte Schmetterlinge eingießen, je nach Geschmack und Stimmung.

Ende der sechziger Jahre hatte in Amerika die große Zeit der Badezimmer begonnen. Man übertrumpfte sich in bunten Accessoires: Donald Duck als Toilettenbürstenhalter, weiße Frotteebadvorleger in Eisbärenform und Zahnbürsten mit einem Bananenstiel. Ganz Harte gingen ins Pornographische und hängten ihre Handtücher an erigierten Plastikpenissen auf.

Der Mittelstand entdeckte die Naßzelle als Aushängeschild, als Ort des finanziellen Einsatzes und ästhetischen Aufbruchs.

Das hing zweifellos mit dem Aufkommen des Fernsehens als *dem* wertebildenden Medium zusammen. Denn in den Hollywoodstudios wurden nicht nur Empfangsräume und Wohnzimmer nachgestaltet, sondern man konnte nun ebenso sehen, wie die Reichen sich wuschen.

Und so wollten sich alle waschen. Da sich aber nicht jeder ein riesiges Marmorbad leisten konnte und bei den meisten Wanne und Toilette in einem einzigen kleinen Raum standen, mußten sie auf andere Weise originell sein. Aus der Not wurde eine Tugend. Der Gipfel dieser Tugend waren Toilettenbrillen mit Stacheldraht.

Dabei kann dieser Badezimmerkult auf große Traditionen verweisen. Schon in der Antike schenkte der Patrizier den Badezimmern erhebliche Aufmerksamkeit. Hier war der Ort, sich zu entspannen. Auch wenn der hellenische Hausbesitzer noch nicht in der Badewanne Zeitung zu lesen pflegte, so war er doch auf Unterhaltung während der Körperpflege bedacht. Manche Bäder, nicht nur die öffentlichen, waren so groß, daß man in ihnen neben einer Wanne einen ganzen Tragödienchor hätte unterbringen können.

Davon kann der heutige Mittelstand nur träumen. Er stellt sich allenfalls einen selbstleuchtenden Zahnputzbecher auf die Konsole. Außerdem ist es den heutigen Badbenutzern ohnehin lieber, wenn ihnen niemand zusieht, schon gar keine Fremden. Findige Japaner werden in den nächsten Jahren sicher eine Naßzellenminikaraokeanlage erfinden, so daß man beim Duschen sein *O sole mio* unter besten technischen Bedingungen und mit entsprechender Mandolinenbegleitung einüben kann.

Der neue Glanz der Bäder sollte natürlich auch die östliche Hemisphäre erhellen. Allerdings wollte er dort nicht allzu kräftig erstrahlen, und manche Hausfrau, die den überm ewig wegblubbernden Trabi fluchenden Ehemann immer belächelt hatte, erlitt nun bei der Jagd nach Mischbatterie und Wandfliesen ihren ersten Nervenzusammenbruch.

In der DDR konnte man an der Ausstattung der Bäder die Tauschmöglichkeiten der Inhaber ablesen. Eine Hand wusch die andere. Man mußte schon eine Wartburg-Auspuffanlage oder am besten »richtiges Geld« vom Klassenfeind anbieten.

Außerdem blühte der Handel mit leeren Verpackungen von westlicher Kosmetik. Man wollte schließlich was auf die schönen Konsolen stellen, und das sollte gut aussehen. Die Produktästheten drückten Florena-Creme in eine Nivea-Dose und stellten sie gleich neben die Guhl-Flasche, in die sie das aus Eigelb und Bier selbst angerührte Shampoo gefüllt hatten.

In Wandlitz waren derartige Probleme unbekannt. Die Politbürokraten hatten sogar Swimmingpools im Keller, wie wir aus den vielen Nachwendefernsehsendungen zum Thema Machtmißbrauch erfahren haben.

Heutzutage hat man in ganz Deutschland die gleichen Badezimmerstandards. Die Stacheldrahttoilettenbrillen bekommt man bei Obi, und wer ein schmuckes Bad hat, zeigt es gern. Sogar Marmorkonsolen sind erschwinglich. Wer neu baut, zwackt vom Wohnzimmer was ab und trennt das Klo vom Bad. Wenn Platz bleibt, kommt noch eine Gästetoilette ins Haus. Das ist zwar immer noch nicht wie bei den Reichen, doch die haben auch nicht so schöne Klebehaken wie die mittleren und unteren gesellschaftlichen Gruppen; Haken in Goldfarbe, aus gutem Plastik oder Porzellan, und da steht *Mama*, *Papa* oder *Gäste* drauf. Die Kinder bekommen Haken mit ihren eigenen Namen.

Die Reichen jedoch schlagen zurück: mit einer extra Handtuchstange für das Hundehandtuch – vergoldet natürlich.

Ausgewählte Preise: Eine goldene Toilettenbrille kostet 12 580,– DM, eine aus Plexiglas mit eingeschlossener Libelle ist schon für 264,90 DM zu bekommen. Wem das immer noch zu viel Geld ist, sollte bei der Klobürste im Porzellanschwan (25,– DM auf dem Trödelmarkt) bleiben. Eine Griechin mit Krug und Schale (keine Funktion, nur zur Deko) kostet 93,– DM.

BEERDIGUNGEN

Obwohl die Grabstätten immer kleiner werden (heute würde wohl kaum eine Schröder-Pyramide gebaut oder der verstorbene Verteidigungsminister mit mehreren Tausend Terrakottakriegern begraben werden) – zu einem erfüllten Leben gehört eine ordentlich inszenierte Bestattung. Entsprechende Unternehmen bieten für jeden das Richtige an. Über eine Sterbeversicherung kann man sich das Begräbnis finanzieren, das man für angemessen hält.

Die Orte dieser letzten Inszenierung richten sich nach dem gesellschaftlichen Status des Gestorbenen. Das beginnt schon mit der Todesanzeige. Ein großer Verleger oder ein Wirtschaftsmogul zum Beispiel bekommt eine Doppelseite in einer überregionalen Tageszeitung. Dort spricht dann alles, was Rang und Namen hat, sein Beileid aus. Bei der Lektüre dieser Todesanzeigen erfährt man auch gleich, welche wichtigen und weniger wichtigen Posten der Verblichene innehatte, welchen karitativen Vereinen er vorstand und welche Unternehmen und politischen Organisationen er beriet. Nicht selten wundert man sich, was für omnipotente Menschen da zu Grabe getragen werden, und daß sie überhaupt Zeit zum Sterben hatten.

Hätte die englische Königsfamilie darum gebeten, bei Lady Dianas Beisetzung von Blumen und Kränzen abzusehen und statt dessen Brot für die Welt zu spenden, hätte man bestimmt ein mittelgroßes Land einige Tage lang versorgen können. Allerdings hat sich die Menschheit auch über das großartige Begräbnis gefreut. Wer erinnert sich nicht gern an den weinenden kleinen Punk mit den grünen Haaren und an seine besorgte Mutter, die vor einem Bild der verstorbenen Princess of Wales das Lied *Candle in the Wind* sangen. Natürlich gehört zu einer solchen Zeremonie auch die Direktübertragung durch viele Fernsehstationen, deren Moderatoren mühsam ihre Tränen unterdrücken, wenn sie sagen: »Sieht noch ganz gut aus für ihr Alter, die Queen Mum, trotz der schlimmen Hüfte.«

Dianas Tod traf die königliche Familie sehr überraschend, wie das bei Autounfällen eben so ist. Die Beerdigung mußte weitgehend improvisiert werden. Um sich künftig auf solche Ereignisse einstellen zu können, wurden die Mitglieder des königlichen Haushalts aufgefordert, ihre Vorstellung von ihrer Beerdigung zu notieren. Sicherlich will sich Prinz William von den nackten Spice Girls und dem stärksten Indianerhäuptling nach seinem Heldentod als Seeräuber auf einem Marsmond bestatten lassen. Teenager sollen von so etwas träumen.

Anderen leuchtet der Grabstein oder die Pyramide oder das Tal des Todes. Für Old Shatterhand z. B. war der Rückweg vom Grab seines besten Freundes Winnetou ein einsamer Weg. Die Trauergemeinde hingegen, die den plötzlich verstorbenen Jim Morrisson zu Grabe trug, traf wahrscheinlich auf dem Weg vom Pariser Friedhof Père Lachaise zur Metro bereits die ersten Touristen, die mit Kerzen und Rotwein an der letzten Ruhestätte des Frontmanns der Doors picknicken wollten. Noch heute sieht man dort weinende Hippiemädchen mit ihren Müttern Händchen halten.

Auch wenn nicht alle Grabstätten zu Popkultstätten werden, hat man immerhin die Möglichkeit, in die Garde

derjenigen aufgenommen zu werden, um die in den Hoch-
glanzmagazinen öffentlich geweint wird, wenn es der
Status denn rechtfertigt. 2000 waren das zum Beispiel
Erich Mielke, Walter Matthau, Konrad Kujau und Hedy
Lamarr.

*Ausgewählte Preise: Schon die winzigste Todesanzeige
für einen Mann vom Schlage etwa eines Heiner Müller
kostet in der »Zeit« um die 3000,- DM.*

*Eine normale Erdbestattung kostet ca. 7000,- DM. See-
bestattung (ohne Angehörige) in der Nordsee: zwischen
500,- DM und 1000,- DM.*

*Für eine virtuelle Grabstätte im Internet müssen bei fol-
genden Leistungen (Premium-Paket) 300,- DM ausge-
geben werden:*

- *bis zu 5 Gedächtnisseiten*
- *bis zu 10 Bilder*
- *bis 3500 Wörter Text*
- *Hintergrundmusik wenn gewünscht*
- *individueller Seitenhintergrund*
- *Gästebuch*
- *Besucherzähler*
- *unbegrenzte Links auf Ihre Familien-Homepage*
- *gelistet auf der Startseite unter »neu erstellte Gedenk-
  stätten«*
- *6 freie Textupdates*

*Feuerbestattungen von Haustieren incl. Abholung, Hygie-
nemaßnahmen, Pappsarg, Deckengarnitur und Urkunde
kosten je nach Gewicht des Toten zwischen 490,- DM und
900,- DM.*

BILDUNG

Wohl jeder kennt in seiner näheren Umgebung jemanden, der ein Kreuzworträtsel in weniger als einer halben Stunde lösen kann. Egal wie groß und von welchem Schwierigkeitsgrad das Rätsel ist. Hin und wieder rätselt der Rätsler öffentlich, und die Zuschauer bestaunen seine enorme Allgemeinbildung. Mit dem möchte ich nicht Scrabble spielen, sagen sie. Der Rätsler grinst überlegen, als wollte er sagen, legt mir das Rätsel vor, das ich nicht knacken kann.

Für solcherart Beschäftigung braucht man Zeit und eine besondere Leidenschaft. Man muß weniger in Zusammenhängen und auch nicht sonderlich kreativ denken, man muß sich nur viel merken können. Der Rätsler wird sich beruflich also maximal in unteren bis mittleren Leitungsfunktionen bewegen. Ihm fehlt es an echten Ideen.

Die Bewunderung, die man dem Rätsler entgegenbringt, ist eine des rein Technischen, ähnlich der, die man für einen Trapezkünstler hegt. Der Rätsler hat keine Aura, die irgend etwas anderes beleuchtet.

Anders ist es um klassische Bildung und Intelligenz bestellt, zumal dann, wenn sie in unerwarteten Situationen zum Ausdruck kommt.

Der Film *Das Schweigen der Lämmer* etwa macht sich auf berückend-bedrückende Weise die Aura der Bildung zunutze. Hannibal Lecter wäre einfach ein bestialischer Kannibale, wäre er nicht intelligent und gebildet. Die Bestie wird zur faszinierenden Bestie. Bildung wertet auf. Die Zeichen der Bildung sind vor allem Bücher und Gesten, und diese werden entsprechend inszeniert. Wohl kaum ein Politiker oder Wirtschaftschef läßt sich nicht vor einer Bücherwand interviewen oder fotografieren. Ein Zeugnis von schwer entschlüsselbarer zeitgenössischer Kunst ragt im Hintergrund ins Bild. In Imageberatungsagenturen gibt es Bücherwanddesigner, die dafür sorgen, daß in den Regalen die richtigen Druckerzeugnisse stehen. Davor müssen die Persönlichkeiten natürlich angemessen posieren; Trainer bringen die richtige Armstellung und den passenden Gesichtsausdruck bei.

Bei Schriftstellern scheint die Intellektuellenhaltung eine angeborene Verwachsung zu sein. Die linke Hand stützt die linke Wange, und die rechte Hand hält einen Stift oder eine Zigarre. Die Stirn ist leicht in Falten gelegt. Die Augen blicken besorgt, aber freundlich.

Welch ein kostbares Gut die Bildung darstellt, verdeutlichen die Preise für Eliteinternate und -universitäten, deren Abschluß wiederum die besten Chancen auf den Einstieg ins hochbezahlte Wirtschaftsleben eröffnen. Allerdings sind die Zeiten einer enzyklopädischen Bildung wohl endgültig Vergangenheit. Kaum vorstellbar, daß sich heutzutage jemand (wie einst der romantische Dichter Novalis oder auch Johann Wolfgang Goethe) sowohl im künstlerischen als auch im naturwissenschaftlichen Bereich auf den höchsten Etagen bewegt. Das Gegenteil ist der Fall: Ein junger Mann, der auf dem Gebiet der Kernphysik kurz vor dem Nobelpreis steht, kann durchaus ein fanatischer Big-Brother-Gucker sein – und er macht noch nicht mal ein Geheimnis daraus. Es gibt, mit anderen Worten, keinen Kanon mehr, der festlegt, was wer zu wissen hat. Nach wie vor aber sorgt Bildung für ein 1a-Image, besonders wenn sie unerwartet aufblitzt wie der Goldzahn einer Neunzehnjährigen. Was hat man den einstigen Bayern-München-Trainer Trappatoni (»Struuunz!«) nicht dafür gefeiert, daß er angeblich Nietzsche liest und dazu Mozart hört. Und Berti Vogts gar verriet dem FAZ-Fragebogen, daß er am liebsten »unbekannte Lyriker« lese.

Wem staatliche Unis zu überfüllt und chaotisch sind, der greift auf exklusive Privatunis zurück. Hier bekommt man immer einen Sitzplatz, kann auch mal mit dem Prof beim Kaffee plauschen und, ganz nebenbei, erste Beziehungen zu den Wirtschaftsgrößen knüpfen.

Preise für ausgewählte Bildungseinrichtungen: Landschulheim (Gymnasium mit Internat) Schloß Ising in Bayern: zwischen 780,– DM und 950,– DM mtl. Studiengebühren für ein akademisches Jahr an der University of Oxford (für EU-Bürger): Magisterstudiengänge: ca. 9000,– DM.

Nachdem Privatunis ehemals nur in den USA und Großbritannien florierten, sprießen nun auch hierzulande derartige Institutionen aus dem Boden: So kann man sich beispielsweise ab dem Wintersemester 2001 an der International University Bremen für ca. 30 000,– DM (pro Jahr!) Studiengängen der Bereiche Natur- und Ingenieurwissenschaften (oder Kultur- und Sozialwissenschaften) widmen. Darlehen werden in begrenzter Zahl bewilligt – man muß allerdings dann schon gewisse Auswahlverfahren überstehen.

Die zur Unterstützung eines solchen Studiums gut geeignete »Brockhaus Enzyklopädie« (24 Bände) kostet 5472,– DM.

Unser Vorschlag für die obere Reihe einer sowohl Locker-
heit als auch eigenwillige Intellektualität signalisieren-
den Bücherwand: Günter Grass »Die Blechtrommel«, »Der
Bahnhof im Zeichen der Postmoderne« (Bildband), Jean-
Paul Sartre »Der Ekel«, »Chinesische Lyrik des Mittel-
alters«, »Gesunkene Segelschiffe« (Bildband), »Rainer
Maria Rilke, Marina Zwetajewa – Ein Briefwechsel«,
Michel Houllebecq »Elementarteilchen«, Fjodor M. Do-
stojewski »Der Idiot«, B. E. Ellis »American Psycho«,
Brockhaus Lexikon (vierbändige Ausgabe), Pablo Picasso
(Bildband), Franz Kafka »Erzählungen«, Christophe
André/Francois Lelord »Die Kunst der Selbstachtung«,
Friedrich Nietzsche »Der Wille zur Macht«, Greil Marcus
»lipstick traces«, Josef Haslinger »Opernball«, Ernst Jandl
»Gedichte« (Auswahl), Hans-Georg Behr »Von Hanf ist
die Rede«, Miguel Rio Branco »Fotografien« (Bildband),
Rüdiger Ruttka »Darf man im Ausland Deutscher sein?
(Essays zur Lage der Nation)«, Gregor Jochim »Lexikon
der Filmpannen«, »jazz-singers« (Bildband), Gaby Gelbke
»Mallorca? Hiddensee!«, »Romain Rolland – Rabindra-
nath Tagore, Briefwechsel 1917 bis 1921«, Jack S. Trum-
mers »Schönen Gruß vom Getriebe – Kleine Kulturgeschichte der Autojagd«.

BODYGUARD

Eigentlich bräuchte jeder einen.

BRILLEN

Während einer Aufführung von Verdis *Othello* in der Mailänder Scala verließ eine Frau mitten im ersten Akt die Vorstellung. Sie torkelte auf die große Freitreppe zu. Ein Taxifahrer dachte, sie sei nur betrunken, merkte aber bald, daß sie Hilfe brauchte. Aus den stark kurzsichtigen Augen der Frau rannen die Tränen. Der Taxifahrer geleitete sie sicher zu seinem Wagen. Zum Dank berichtete die Frau von ihrem Malheur: Eine andere Opernhörerin hatte die gleiche Brille! Sie hatte es gesehen, als sie mit dem Opernglas die Logen nach Berühmtheiten abgesucht hatte. Dabei war ihr beim Kauf versichert worden, daß es sich um ein Einzelstück handle.

Der Taxifahrer zuckte mit den Schultern und brachte die Frau ins Hotel. Aus einer Hutschachtel wühlte sie eine andere Brille heraus. Eine große runde wie die von Janis Joplin auf dem Cover der *greatest hits*.

Der Taxifahrer gab sein Bestes. Mit etwas Glück schaffte es die Dame, zum vierten Akt wieder in der Scala zu sein. Die Joplin-Brille war einige Jahre alt und hatte die falsche Stärke. Nur schemenhaft sah die Frau das furiose Finale der Oper. Das Opernblut verschwamm im Vorhang. Doch die Brille sorgte für Aufsehen. Ein älterer Herr sagte zu seiner zwanzig Jahre jüngeren Frau: »Siehst du, Mary, alles kommt wieder.«

Viele Kurz- oder Weitsichtige wollen sich und anderen ihr Handicap nicht eingestehen und sehen lieber schlecht, als eine Brille zu tragen. Um auf Autobahnen ein Schild lesen zu können, bremsen sie manchmal bis auf achtzig Stundenkilometer ab.

Nur im Kino, wenn das Licht schon aus ist, holen sie verschämt ihre Sehhilfen aus dem Futteral. Kurz vor Ende des Films müssen sie ihre Brillen jedoch heimlich einpacken. Sie nesteln an den Etuis, stoßen Popcornbecher um und verpassen den Schluß des Streifens. Auf der Straße fragen sie ihren Begleiter, wie die Geschichte denn ausging. Trifft sie ein fragender Blick, sagen sie, sie seien eingeschlafen.

Am Ende des Erfolgsfilms *Der Name der Rose* berichtet Adson von Melk, daß er von seinem Meister William von Baskerville zum Abschied dessen Augengläser geschenkt bekam. Die Augengläser hatten dem Mönch bei der Aufklärung der mysteriösen Todesfälle in der norditalienischen Benediktinerabtei gute Dienste geleistet. Ohne sie wäre das Aktenstudium nicht zu bewältigen gewesen.

Brillen gelten seit jeher als Zeichen der Weisheit. Das muß auf der Annahme beruhen, daß häufiges und konzentriertes Lesen die Sehnerven schwächt. Der berühmte Amsterdamer Philosoph Baruch Spinoza verdiente sogar seinen Lebensunterhalt, indem er Sehhilfen anfertigte. Im 20. Jahrhundert wäre er garantiert so etwas wie ein Szeneoptiker geworden. Joschka Fischer hätte bei ihm seine Lesebrille bestellt. So eine mit halbrunden Gläsern, die ganz vorn auf der Nasenspitze sitzt. Die trüge er immer im Bundestag, wenn er intellektuelle Überlegenheit signalisieren will.

Mahatma Gandhi und John Lennon wären ohne ihre kleinen runden Nickelbrillen kaum zu Ikonen des 20. Jahrhunderts geworden. Die Augen hinter den Gläsern drückten Friedfertigkeit aus. Wer so niedlich dreinblickt, kann niemandem etwas Böses wollen.

Viele junge Männer und Frauen eiferten ihnen nach. Hätte man in den Siebzigern auf Flohmärkten mit derartigen Brillen gehandelt, man hätte in wenigen Stunden mehrere Hundert Stück verkaufen können.

Tragisch ist nur, daß sowohl Lennon als auch Gandhi durch Attentate ums Leben kamen. Die Brillenkäufer in den Siebzigern konnten vom Lennon-Mord noch nichts wissen. Aber nach dem Lennon-Attentat kamen die Nickelbrillen aus der Mode.

Den größten Brillenkult trieb Elton John. Er wechselte seine Augengläser täglich, und wenn er ein Konzert gab, sogar mehrmals in der Stunde. In den neunziger Jahren muß er allerdings in Geldnot geraten sein und ließ seine umfangreiche Brillensammlung von *Sotheby's* in London versteigern.

Hat man sich von einem Augenoptiker oder Augenarzt erst einmal eine Sehschwäche bescheinigen lassen, geht es an die Auswahl des entsprechenden Gestells. Dabei sollte man daran denken, daß man eine Brille tagtäglich tragen muß, sie quasi mit dem Gesicht verschmilzt.

Wer nur über wenig Geld verfügt, der bedient sich bei einer Ladenkette, die Brillen zu Niedrigpreisen verjubelt. Aber Vorsicht. Die Auswahl dort ist bescheiden. Es könnte passieren, daß die Fassung, anstatt die Individualität des Trägers zu unterstreichen, diese eher zurücknimmt. Man verschwindet in der Masse der ewig gleichen Alltagsgesichter und wirkt fade. Dann lieber zum Flohmarkt. Dort findet man sicher eine alte Fassung, die in den nächsten Jahren wieder modern wird.

Im Zuge des allgemeinen Lifestyles hat bei den Brillen eine ähnliche Entwicklung eingesetzt wie etwa bei der heiklen Frage nach dem richtigen Zahnersatz bzw. der Zahnspange. Was einst unter medizinischen Gesichtspunkten entwickelt wurde, kann heute unter Umständen die gleiche Funktion ausüben wie der Porsche vor der Haustür: Die goldene Kauleiste oder das brillantbesetzte Brillengestell zeigen Wohlstand und Stilbewußtsein an.

Nicht zuletzt dadurch etablierte sich eine Brillendesignerszene die nur mit der Modewelt von Rom, Paris oder London zu vergleichen ist. Da Brillen bekanntlich klein sind, kommen die meisten Brillen-Topdesigner aus Japan.

Preise: Nach oben offen; in der Halbwelt beliebt sind Brillen von Cartier für etwa 2000,– DM das Stück.

COMPUTER

HAL war der eigentliche Held in Stanley Kubricks *2001 – Odyssee im Weltraum.* Er konkurrierte mit Gott. Dieser Super-Computer war auf der Reise durch die Galaxis überall präsent. Er steuerte das Schiff, weckte die Astronauten aus dem Kälteschlaf, versorgte sie mit Essen und brachte sie nacheinander um. Denn er bemerkte die Unvollkommenheit seiner Schöpfer. Darum mußte er abgeschaltet werden.

In den Siebzigern versprach man den Menschen, daß ein technisches Wunderding namens Computer ihre Kaffeemaschinen schon zehn Minuten vor dem Weckerklingeln in Betrieb setzen würde. Kommt man aus dem Bad, wird man von köstlichem Kaffeegeruch empfangen. Der Kühlschrank sendet Bestellungen aus, wenn er sich leer fühlt.

Diese Zukunft nannte man Informationszeitalter. Alle sollten den Service bekommen, der in herrschaftlichen Haushalten schon lange von den Bediensteten geleistet wurde.

Im Grunde galt dieser Traum der Abschaffung der Hausarbeit. Er wurde jedoch nicht von Hausfrauen geträumt, sondern von besessenen Technikspezialisten und Politikern.

Heute, im Jahre 2001, steht Mutti immer noch fünf Minuten früher als die anderen auf und schmeißt die Kaffeemaschine an. Nicht sie, wohl aber ihre Kinder sind seit den achtziger Jahren dem Computer verfallen.

Zwölfjährige schlossen mausgraue Konsolen und Joysticks an die Fernseher ihrer Eltern und knallten reihenweise feindliche Flugzeuge ab.

In den Neunzigern bekam man recht günstig die Monitore gleich dazu, ließ den Alten ihren Fernseher, vernetzte sich und spielte interaktive Spiele mit Menschen, die man nie zuvor gesehen hatte und auch nie zu Gesicht bekommen würde. Das Global Village wurde Wirklichkeit.

Der *Chaos-Computer-Club* lobte die Demokratie im Internet, und wer nicht über eine Homepage verfügte, war im Global Village nicht ansässig. Das Dorf war ähnlich einer gigantischen Speaker's Corner neben dem Flohmarkt. Die abstrusesten Inhalte wurden via Net der Welt mitgeteilt, die merkwürdigsten Produkte vermittelt. Es wurden Anzüge entwickelt, die den Benutzer sexuell stimulieren sollten, wenn er durch die Erotikseiten surfte. Wer immer noch nicht wußte, was er verkaufen sollte, stellte halt seine Familienfotos ins Netz.

Hacker übersprangen virtuelle Drahtzäune, die die großen Firmen und das Militär um ihre Informationsbanken gezogen hatten. Wenn man es schaffte, in das Computernetz des Pentagon einzudringen, galt man als Held.

Auf Initiative der Bundesregierung boten die Volkshochschulen bald Einführungskurse in Computer und Internet für Senioren an. Der Generationskonflikt sollte gelöst werden.

Heute sind Computer Möbelstücke geworden. Manches Wohnzimmer hat sich in ein Büro verwandelt. Der Umgang mit dem Internet ist uns vertraut und überdies billig. Die Hysterie der ersten Jahre hat sich gelegt.

Betritt man so ein Wohnbüro, ist am Standort des Computers zu erkennen, in welchem Verhältnis der Besitzer zu seinem Gerät steht.

Die wahren Maniacs nennen ihren Computer Rechner, und der ganze Raum ist auf ihn zugeschnitten. Die Fans sitzen auf einem Drehstuhl, um die Peripherie schnell und ohne aufzustehen bedienen zu können. Sie tragen T-Shirt, eine undefinierbare Frisur und eine dicke Hornbrille wie der junge Bill Gates. Und wie Billy träumen sie davon, eines Tages mit ihren Computern die Welt zu beherrschen.

Steht der Computer dagegen ausgeschaltet in einer Ecke auf einem kleinen Holztisch, haben die Besitzer aufgehört, von seiner Zauberkraft zu träumen. Sie haben sich satt gespielt. Irgendwann bekamen sie eckige Augen von den unaufhaltsam fallenden Tetrissteinen. Lara Croft repräsentiert für diese User nun nicht mehr das Idealbild einer Frau, und Moorhuhnjagd spielen sie allenfalls noch auf Arbeit. Sie blicken etwas enttäuscht, wenn sie morgens ihre Kaffeemaschine anschalten müssen. Daß sie über den neuesten Intel-Prozessor verfügen, liegt daran, daß man den eben haben muß, zumal er hin und wieder recht günstig bei Aldi und in Kaffeehandelsketten zu bekommen ist. Diese etwas desillusionierten Leute haben ihr Soll erfüllt. Sie können gut genug mit einem Computer umgehen, um ihre Arbeit zu machen.

IBM präsentiert: ThinkPad T22 plus Port Replicator
Mobile Intel Pentium III Prozessor 800 Mhz
20 GB Festplatte
128 MB Hauptspeicher
33,8 cm (13,3) TFT-Display
8-24x CD-ROM Laufwerk
1,44 MB Diskettenlaufwerk (UltraBay 2000 wechselweise intern)
56 K V.90 Modem (Mini-PCI) integriert
$^{10}/_{100}$ Mbit/s Fast-Ethernet (Mini-PCI) integriert
Microsoft Windows 2000 Professional
für nur 5470,- DM

ESOTERIK

Es gibt Wichtigeres als Reichtum und Macht, sagt der Mann im orangefarbenen Kittel. Er sitzt im Schneidersitz vor einem Kaufhaus und versucht den Passanten kleine Steine und schmale Bücher zu verkaufen. Sein Blick hat den Stolz eines hausierenden Pharaonen. Setzen Sie sich einen Moment, sagt er zu jedem, der kurz stehenbleibt, und bietet mit einladender Geste einen Platz auf einer

Decke aus Alpakawolle an. Aus einer Thermoskanne dampft Yogitee. Die peruanischen Musiker nebenan spielen *El condor pasa* und hüpfen dazu im Kreis. Auch bei ihnen bleibt niemand länger stehen.

Der Mann im orangefarbenen Kittel gehört zu den Eingeweihten. Er hat die einfachen Sphären des Bewußtseins längst hinter sich gelassen. Was sollen ihm ein Mercedes, ein Anzug von Hugo Boss oder Geld noch bedeuten?! Er teilt sein Wissen mit den Wolken. Seine **Uhr** hat er verschenkt.

Vor jeder Bundestagswahl laufen die Spots der Geläuterten im Fernsehen. Die Naturgesetzpartei weiß genau, wie viele Yogiflieger es braucht, damit Kriege, Hunger und Naturkatastrophen von der Welt verschwinden. Es scheint eitel, angesichts dieser großen Weisheit noch an Statussymbolen festhalten zu wollen.

Unsere Welt ist eine Konsumwelt. Die Gier hält die Menschen im Würgegriff, und anstatt einige Minuten auf einer Alpakadecke auszuruhen, versuchen wir noch ein Geschenk für die Schwiegermutter zu bekommen. Dabei wäre es doch so einfach, dem Irdischen zu entsagen. Man braucht nur irgendeine Zeitschrift aufzuschlagen und findet im Anzeigenteil jede Menge Angebote.

Es gibt viele, die dem Konsum entfliehen wollen, auch wenn man sie nicht auf den ersten Blick erkennt. Erst wenn ihnen der Ärmel hochrutscht, verrät sie vielleicht das südamerikanische Glücksbändchen am Handgelenk.

Manchmal sitzen sie im Kreis mit Gleichgesinnten. Ihre Bürokluft haben sie gegen weite und bequeme Gewänder getauscht. Sie haben die Augen geschlossen. Plötzlich stöhnt jemand laut. Zwanzig Minuten später stehen sie neben dem Kaffeeautomaten des Tagungshauses, welches ihr Guru angemietet hat. Sie plaudern entspannt. »Und, hast du was herausgefunden?« wird gefragt. »Ich bin die zwölfte Reinkarnation des Parmenides«, sagt eine Frau. Sie schließt die Augen und scheint das alles noch einmal durchzumachen. »Alles fließt«, preßt sie aus halb geschlossenen Lippen heraus. Dieses Wissen gibt ihr Gelassenheit. Was soll noch kommen nach solcher Erfahrung? Erdbeben, Flut und Krieg. Alles schon dagewesen. Und der Kurs hat nur dreihundertfünfzig Mark gekostet. »Heraklit«, sagt jemand, der seinen Yogitee gerade ausgetrunken hat. »Wie, du bist die Reinkarnation von Heraklit?« fragt die Frau. »Nee«, sagt er, »Heraklit hat das gesagt, Pantha rhei, und das heißt, alles fließt.«

Es gibt Esoterik-Läden, die haben in ihrem Logo einen Kreis, ein Quadrat und ein gleichschenkliges Dreieck, alles recht ungelenk gezeichnet. Das soll wohl bedeuten, daß man Perfektion in einem anderen Bereich sucht. Diese Läden verkaufen Steine, Quarz und andere Kristalle verschiedener Größe und Farben. Sie verkaufen die Steine jedoch nicht an Hobbymineralogen. In den Kristallen wohnen geheime Mächte und senden Strahlen aus. In dicken Büchern, die man ebenfalls erwerben kann, werden Anleitungen zum Gebrauch der Steine geboten. Man kann aber auch Seminare buchen. Wenn man des öfteren ruhelos im Bett liegt, kann zum Beispiel ein solcher Stein Abhilfe schaffen.

Wenn die Kristalle gegen die Schlafbeschwerden nicht helfen, kann man auch den Wünschelrutengänger bestellen, der den Untergrund des Hauses auf Wasseradern untersucht. Wird der Suchmensch fündig, muß man nur das Bett verrücken. All diese nützlichen Dinge werden von Damen in weiten Seidenkleidern mit sanfter und mitfühlender Stimme empfohlen. Durch Meditation und eisernen Willen ist es ihnen gelungen, ihre Regelblutung mit den Mondphasen abzustimmen, was dazu führt, daß Menstruationsbeschwerden ausbleiben. Die Welt steckt doch voller Wunder. Solche Tricks beherrschten früher nur Hexen.

Das nun, die Hexerei, ist ein besonders heikles Thema in den Kreisen der esoterisch Angehauchten. Die Frage, ob man es nämlich als Normalsterbliche zur Hexe bringen kann, scheidet die Esoteriker in zwei Lager.

Die einen sagen, daß man unbedingt von Hexen oder Zauberern abstammen müsse, um auch heute noch Magie zu beherrschen. Die anderen sagen, Hexerei sei erlernbar wie ein Handwerk.

Erstere treffen sich in geheimen Zirkeln. Sie zeigen sich in ihrer wahren Gestalt nur denjenigen, die es verdienen oder genug dafür bezahlen. Da man aber nicht sicher sein kann, ob man es verdient, sollte man schon mal anfangen zu sparen, wenn man ihre Künste bewundern will.

Letztere studieren alte Schriften und geben ihr Wissen in Wochenendworkshops weiter. Hat man genug dieser Seminare besucht, wird man aufgenommen in die Kreise der Druiden und Medizinmänner. Hier werden Symbole getragen, die Position und Stand der Workshop-Teilnehmer verraten – allerdings nur demjenigen, der die erste Ebene des Wissens bereits erreicht hat. Nur der kann die Runen entschlüsseln und von der Bedeutung eines über dem Herzen getragenen Hühnerfußes oder eines bestimmten Rituals wissen.

Ganz Tapfere essen, wie einst der germanische Stammes-Druide, rohe Fliegenpilze und feiern im Rausch Feste, von denen wir mit unserem Rotweinschwips nur träumen können.

Wer ein solches Ritual überlebt hat, kann sich weiß Gott zu Höherem berufen fühlen.

Hat man keine größeren Beschwerden und will trotzdem wissen, wie es um einen bestellt ist, sucht man am besten einen Sternkundigen auf und läßt sich ein Horoskop erstellen. Stehen die Sterne schlecht, sollte man die Hochzeit oder den nächsten Börseneinsatz vielleicht noch um ein Jahr verschieben.

Auch wenn sich der Esoterikboom seit den achtziger Jahren ein wenig gelegt hat, sind die Hexen und Medizinmänner im Alltag noch immer präsent.

Utensilien für den Hobbyesoteriker sind recht günstig zu haben: Das Pendel-Einsteigermodell gibt es für schlappe 13,50 DM.

Workshops, Kurse und Dienstleistungen sind da schon kostspieliger: geht es noch für 70,– DM Teilnahmegebühr zum Erdheilfest, so kostet ein Beziehungshoroskop schon rund 250,– DM. Will man selbst zur Gruppe der Auserwählten gehören, ist mit größeren Unkosten zu rechnen: ein Grundkurs Pranaheilung kostet derzeit 540,– DM.

In der Leipziger Stadtillustrierten »Kreuzer« vom Februar 2001 finden sich folgende Esoterikangebote: AUM-Meditation, Oshos berühmte Meditation für den Tagesanfang, Familienaufstellung nach B. Hellinger, Weiterbildung Kinesiologie usw. usf.

FITNESS/SCHÖNE KÖRPER

Sie wollte fit sein für die Rollen, die sie in den achtziger Jahren zu spielen hatte. Und sie ging schon auf die Fünfzig zu. Ich muß was tun, dachte Jane Fonda, für meinen Körper und für mich. Sie legte ihre Lieblingsplatte auf und begann zu tanzen. Vor dem Spiegel natürlich, wie es sich für eine Schauspielerin gehört. Ihre Bewegungen waren erst wild wie die einer jungen Giraffe, wurden dann aber klarer und koordinierter. Jane Fonda betrachtete sich dabei und dachte: Probier's mal andersrum, und also zog sie den leuchtenden Gymnastikanzug über die chromfarbenen Leggins. Rosa Stulpen noch – und schon war das Aerobic-Outfit kreiert. Flugs wurde die Sache per Video aufgenommen und in alle Welt verkauft. Überall schossen Aerobicstudios aus dem Boden, selbst das DDR-Fernsehen ließ in der Sendung *Medizin nach Noten* die Mädchen bald nach Discorhythmen hüpfen. Der Pianist, der bislang die Dehnübungen begleitet hatte, wurde als Ko-Repetitor an ein Provinztheater verliehen.

Jane Fonda hat das sportliche Hüpfen zu Popmusik nicht erfunden, aber sie gab den Hausfrauen mit dem Video eine Waffe in die Hand, mit der sie gegen Speckpolster und schlechte Laune vorgehen konnten. Endlich lag es nur noch bei ihnen, ob sie wie ihre Lieblingsschauspielerin aussahen. Gymnastik wurde fortan ernst genommen, und die Sportkleidung verlor ihr Einheitsschwarz oder -blau. Wenn man ins Aerobiccenter ging, um Übungen zu machen, mußte man schon nach was ausschauen. Da reichte es nicht mehr, eine alte Hose aufzutragen. Die jetzt »Body« genannten Gymnastikanzüge schillerten in allen Kaugummifarben, und die Stirnbänder bekamen bunte Streifen. Den Männern war's recht, und gern holten sie ihre Frauen einmal die Woche vom *Studio Butterfly/only women* ab.

Eine härtere Variante des Körperkults praktizieren manche Models. Sie essen einfach nicht. Um vor dem Videogerät zu Jane Fondas Aerobicanleitungen zu tanzen, fehlt ihnen die Zeit. Zwar verhärtet andauerndes Hungern die Gesichtszüge, doch Massage und Make-up lösen auch dieses Problem; Visagisten seien Künstler, sagt man. Aerobic und Hungern sind vergleichsweise billige Methoden, um Bauch und Po straff zu halten. Aber sie sind anstrengend und fordern den Frauen ein hohes Maß an Selbstbeherrschung ab. Wer genügend Geld hat, geht gleich zu einem Schönheitschirurgen und läßt sein Fett absaugen. Bei dieser Gelegenheit kann man nebenbei kleinere Mängel an Nase und Mund beseitigen. Schon nach kurzer Zeit sind die Narben verheilt, und man ist kaum wiederzuerkennen. Zu einem perfekten Frauenkörper gehören die passenden Brüste. Brustformen gibt es von der Stange und auch ganz individuell, top-designed sozusagen.

Manche Frauen ließen sich die Brüste jedoch so stark auspolstern, daß sie wieder Gymnastik treiben mußten, um die Rückenmuskulatur an die veränderten Proportionen anzupassen. Kurvenstar als Ganztagsjob.

Wenn sich eine Frau zu einer Brustvergrößerung entschließt, sollte sie dafür sorgen, daß all die Fotos verschwinden, auf denen ihr nackter Busen im Zustand vor der Operation zu sehen war. Nicht die Babyfotos natürlich, aber die der erwachsenen Frau. Damit erspart sie sich Streß und Ärger. Sabrina Setlur beispielsweise hatte, einige Zeit bevor sie sich die Brust vergrößern ließ, nackt und schwarz gestrichen vor einer Kamera posiert. Anfang des Jahres zweitausendeins prozessierte sie gegen das Magazin *Max*, das diese Fotos veröffentlichte, ohne Setlur noch einmal gefragt zu haben. Sicher hätte sie gesagt, daß es sich nicht mehr lohne, da die Bilder keinesfalls der aktuellen Form ihres Körpers entsprächen. Niemand könne sie darauf erkennen. Nun mußten die Gerichte entscheiden.

Männern sind andere Prioritäten gesetzt. Sie sind die Draufgänger und Beschützer, und so sollen sie auch aussehen. Eine männliche Kate Moss, ein spillriges, beinahe muskelloses Wesen, ist als Werbeträger kaum denkbar. Waschbrettbauch und voluminöse Bizeps sind von alters her beständige Schönheitsideale – und das, seit die virtuelle Amazone Lara Croft (die genaugenommen das Superbaby von Barbie und Arnold Schwarzenegger ist) über den Bildschirm jagt, nicht mehr nur für die Männer...

Sicher kann man übertreiben. Sylvester Stallone als Einzelkämpfer im vietnamesischen Dschungel und der frühe Arnold Schwarzenegger wirkten doch etwas overformed. Das Idealbild des Mannes liefert summa summarum der Schönling aus der Cliff-Werbung. Cliff ist zwar nicht gerade das Duschgel, das in der High-Society angesagt ist – dafür riecht es zu billig und kostet zu wenig –, doch die Werbung trifft den Nagel auf den Kopf. Welcher Mann träumt nicht davon, braungebrannt und durchtrainiert von einer hohen Klippe ins Meer zu springen?! Angstfrei und muskulös.

In den späten Achtzigern gingen die Sportmuffel und Angsthasen in die Offensive. Ich leg mich nicht freiwillig unters Messer, sagten sie und aßen Sahnetorte demonstrativ auf offener Straße. *Schönheit kommt von innen* oder *Diesen Körper hat Bier geformt* stand auf ihren T-Shirts, die über dem Bauch spannten.

Wennschon, dennschon. Hat man nur sechs Kilo Übergewicht, wird man verachtet. Der müßte mal was gegen seinen Bauchansatz tun, hört man Passanten flüstern. Der Hausarzt legt die Stirn in Falten und spricht von erhöhtem Infarktrisiko. Ist man aber richtig fett, läuft man außer Konkurrenz. »Was der sich traut«, hört man dann, »und wie souverän der damit umgeht.« Vom Infarkt ist keine Rede mehr, bis er eintritt. Die Fülle macht nicht begehrenswert, aber man bekommt zuweilen wie Hermes Phettberg in den Neunzigern eine eigene Talkshow im ORF.

Doch die Dicken bilden eine Minderheit, zumindest im medialen Leben. Auf den Pressefotos von Galaabenden sind nicht mehr als zwei oder drei Übergewichtige zu sehen, vielleicht sollen sie die Körperformen der anderen Anwesenden besser zur Geltung bringen. Es gibt wenig Raum für die Stracks oder Sägebrechts. Sie dienen der Welt der Schlanken als Illustration und kratzen nicht am gängigen Schönheitsideal.

Im Barock galt Körperfülle als Zeichen des Wohlstandes. Es wurden dicke Frauen beim Bade gemalt, die von schlanken Dienerinnen mit lauwarmem Wasser begossen wurden. Hätten die Damen seinerzeit gewußt, daß wir heute eher die Dienerinnen begehren, hätten sie sicher ein zweites Bild von sich anfertigen lassen. Und zwar eines, auf dem sie ohne Doppelkinn und Speckpolster zu sehen sind.

Überhaupt ist das Phänomen »Schönheit« ja untrennbar mit den kulturellen Normen des Zeigens und Verhüllens sowie denen der Mode verbunden; und die Möglichkeiten, Schönheit zu zeigen, einen anderen sexuell anzureizen, sind heute zahlreich wie nie zuvor. Ob der Status »Schönheit« für das berufliche Fortkommen einer jungen Mathematikerin ebenso wichtig ist wie für das eines Models, kann so pauschal nicht geklärt werden. Aber, eines ist sicher: Eine schöne Wissenschaftlerin wird sicher öfter interviewt als eine weniger schöne und ist so in Sachen Publicity wesentlich im Vorteil.

Der Weg zum perfekten Körper ist seit den siebziger Jahren verfeinert worden. Nicht nur durch japanische Microcomputer, die man beim Joggen am Handgelenk trägt. Anatomische Wissenschaften und die Trainingslehre haben sich sprunghaft entwickelt. Es geht nicht mehr nur darum, gut auszusehen, sondern auch darum, den Alltag gesund zu meistern. Aus Bodybuilding wurde Bodyshaping, und aus dem Bankdrücken entwickelte sich unter anderem das Kiessertraining. Heute wird mit wissenschaftlichem Know-how trainiert, und Blutdruckmeßgeräte liegen an der Kasse jedes Supermarktes oder sind über Versandhäuser zu beziehen. Der trainierte Körper ist heute ein Statussymbol, wie es weiland, als Peter Paul Rubens noch malte, der dicke war. Niemand in den höheren Etagen der Gesellschaft kommt ohne eigenen Fitneßtrainer aus, nicht mal die Fitneßtrainer, und kein Mann kann es sich leisten, zum Wiener Opernball eine übergewichtige Tischdame zu präsentieren.

Es sei denn, es ist seine Ehefrau oder Marianne Säge-
brecht.

Angebot eines Leipziger Fitneßstudios:
Gratis-Schnupperstunde unter Anleitung eines erfahre-
nen Trainers.
Aufnahmegebühr für neue Mitglieder: 200,- DM; monat-
liche Gebühr (16 Trainingsstunden monatlich): 175,- DM.
Garantiert werden: Erstellung eines individuellen Trai-
ningsplans, Training nach neuesten sportwissenschaft-
lichen bzw. von Medizinern empfohlenen Methoden;
dem Fitneßstudio-Besucher stehen hochmoderne Sport-
geräte sowie die Skyline-Sportlertheke zur Verfügung.

FÜLLFEDERHALTER

Füllfederhalter spielen in Politik und Wirtschaft eine
große Rolle. Bei Vertragsabschlüssen werden sie den Ver-
tragspartnern von unauffälligen Sekretären vorgelegt. Die
Partner unterschreiben, und die Sekretäre trocknen
schnell die Tinte auf dem Vertrag. Dann stehen die Partner auf, reichen sich die unterzeichneten Dokumente und
schütteln einander die Hände.
Räumen die persönlichen Referenten am Tag danach die
Aktentaschen der Staatsoberhäupter auf, stellen sie nicht
selten fest, daß der Federhalter fehlt bzw. ein neuer dazu-
gekommen ist. Stalin hatte zum Beispiel einen von
denen geklaut, die Roosevelt mit nach Jalta gebracht
hatte. Amerikanisches Qualitätsprodukt. Mit dem Füller
war es aber nicht wie mit Bebels Uhr. Er wurde nicht von

Generalsekretär zu Generalsekretär weitergegeben. Wahrscheinlich hätte Chruschtschow Stalins Füller auch gar nicht haben wollen.

Er bevorzugte einen schwarz-grünen Traditionsfederhalter von Pelikan, und bis heute ist ungeklärt, welcher Freund aus dem Westen ihm diesen geschickt hatte.

Füllfederhalter (kurz: Füller) für den Schulbedarf (wenn es denn noch Schüler gibt, die mit diesem Schreibgerät umgehen wollen) sind für ca. 20,– DM zu bekommen. Als Geschenk zur Jugendweihe kann man sich von der begüterten Oma beispielsweise einen Montblanc-Füller wünschen, und der ist mit einem Wert von 300,– bis 600,– DM dann schon wieder geeignetes Prestigeobjekt für später…
»Für alle, die ihren eigenen Geschmack auch im Alltag gern mit nicht Alltäglichem unterstreichen, gibt es den neuen LAMY accent. In tiefschwarzem Brillantlack. Mit drei edlen Griffstücken zur Wahl: mit glänzendem Platin, mit feinen Ringen aus Rhodium oder mit echtem Bruyère-Wurzelholz.« Preis: von 118,– DM bis 198,– DM (zitiert nach Werbeanzeige).

GÄRTEN

In der Alltagssprache der DDR unterschied man Gärten von Grundstücken. »Wir fahren am Wochenende in den Garten« hieß, daß man ein 200-Quadratmeter-Anwesen aufsuchte. Die Männer widmeten sich dort der Pflege der Beete und dem Beschneiden der Bäume. Die Frauen ernteten Beeren und Gurken und putzten die Scheiben des kleinen Gewächshauses. Bei schönem Wetter breiteten sie danach auf der Rasenfläche ihr Handtuch aus, welches den Rasen beinahe komplett bedeckte, und genossen die Sonne. In der DDR gab es keine Sonnenstudios.

Wenn die Arbeit getan war, trafen sich die Männer mit anderen Männern am Kiosk und tranken Bier. Die Damen stießen nach Sonnenuntergang dazu.

Gärten über 200 Quadratmeter hießen Grundstück. Dort waren die Wiesen etwas größer, und die Herren hatten mehr zu tun. Das war aber nicht so schlimm, denn die Grundstücke gehörten nicht zu den Laubenkolonien. Es war also kein Kiosk in der Nähe. Bei Sonnenuntergang genoß man ein mitgebrachtes Bier und bastelte dann noch etwas im Schuppen herum.

Die Gartenbesitzer waren immer ein wenig neidisch auf die Grundstücksbesitzer. Was ihnen an Fläche fehlte, machten sie durch ihre Produktivität wieder wett. Gartenbesitzer waren im Vergleich zu Grundstücksbesitzern fast manische Gärtner. Geschicktes Düngen und effiziente Fruchtfolgen erlaubten es ihnen, die größeren Gurken zu ernten. Ihre Bäume trugen erheblich mehr Äpfel und Pflaumen als die Bäume der Grundstücksbesitzer.

Steingärten hatten alle Gärtner, und sie freuten sich über den Austausch winterharter Kulturen und über Teichrosen, die in gefluteten Güllekübeln blühten.

Die Größe des Gartens, den man ergattern konnte, hing dabei weniger vom Status ab, obwohl er bei der Zuteilung der Parzellen eine gewisse Rolle spielte. Der Chef einer SED-Bezirksleitung hatte gewiß einen privilegierten Zugriff auf die Grundstücke. Konnte man aber Wartburg-Auspuffanlagen beschaffen oder eine Autoanmeldung, die schon sechs Jahre lief, kam man ebenso schnell an eine Parzelle, auf der man seine Datsche errichten konnte. Wenn man zu DDR-Zeiten sogar auf seinem eigenen Grundstück wohnte, war die Größe des Gartens eher unwichtig. Dann hatte man ein Haus, um das einen die anderen, die kein Haus hatten, ohnehin beneideten.

Nach der Wende ist auch die Grundstückshierarchie im Osten eine andere geworden. Angebot und Nachfrage bestimmen den Preis. Alteigentümer mit Rückübertragungsansprüchen sind mit einem ganzen Keller voller Wartburgauspuffanlagen nicht umzustimmen. Gut lachen haben Kleingartenbesitzer, denn ihnen will niemand an die Parzelle. Und während viele Grundstücksbesitzer mit den Gerichten kämpfen, feiern die Kleingartenvereine ihre Grillfeste.

Der typische Kleingarten (ca. 200 qm), wie er sich in vielen ostdeutschen Städten und oft mitten in Neubauwohngebieten findet, kostet zwischen 10,– DM und 30,– DM monatliche Pacht. Üblich ist es, nach genauer Definition durch das Statut des jeweiligen Kleingartenvereins zwischen fünf und zwölf allgemeine Aufbau- oder Instandhaltungsstunden (z.B. Harken der Gemeinschaftswege, Reparationen am Pumpenhaus und dgl.) zu leisten. Der Kaufpreis für solch einen Garten ist je nach Lage, Größe und Bodenqualität natürlich verschieden. Der Autor kennt einen anderen Autor, der seinen 250 qm großen Garten in Leipzig für 2700,– DM verkauft hat.

GOLF

Rot war einst ein kleines verschlafenes Dorf im Badischen, irgendwo zwischen Mannheim und Heidelberg. Es gab eine Bäckerei, ein paar Schweine und einige Gymnasiasten, die morgens vom Schulbus abgeholt wurden. Der Schrankenwärter kam mehrmals täglich aus seinem Schrankenwärterhäuschen, um die Schranke runterzulassen. Die Züge fuhren meist an Rot vorbei. Nur ein paar Regionalbahnen legten einen Halt ein, aber auch aus denen stiegen nie viele Menschen. Einmal im Monat fuhr eine Gruppe Hausfrauen zum Einkaufen in die benachbarte Kleinstadt, die ungefähr 200 Einwohner und drei Geschäfte mehr hat als Rot.

Anfang der Neunziger kam Leben in die Gemeinde. Der Schrankenwärter wurde durch ein elektrisches Signal am Andreaskreuz ersetzt und traf sich fortan mit den anderen Männern des Dorfes in der Kneipe, um über Rentenbescheide und die Streiche der Enkel zu plaudern.

Die Veränderungen wurden durch die Ansiedlung des Softwareunternehmens SAP im nahen Walldorf eingeleitet. Doch der Umschwung kam endgültig mit dem Bau eines Golfplatzes. Durch Rot wehte von nun an der Duft der großen Welt, man nahm Anteil am Big Business, und der Schrankenwärter investierte seine Rente in New-Economy-Aktien.

Man philosophierte jetzt über Weltcupwertungen, SAP-Open und Tiger Woods. Die Roter wurden zwar nicht zu den Turnieren eingeladen, und die wenigsten spielten selber Golf, aber sie spürten, daß sie irgendwie in die große Welt integriert waren. Nicht zuletzt weil ihre

Kinder als Ballholer und die erwachsenen Töchter in der Bar arbeiten durften.

Ein Golfplatz gab der bislang unbekannten Gemeinde den Adelsschlag.

Denn Golf, mehr noch als Tennis, war von jeher der Sport der Upperclass. Auf gepflegtem englischem Rasen ließen und lassen sich dicke ältere und schlanke junge Spieler ihre Schläger von Trägern über die sanften Hügel ziehen. Wenn ein Ball ins Wasser fiel, krempelte sich ein Butler seine Hosenbeine über käsigen dünnen Waden auf. Die Herren sprachen mit ihren Mitspielern übers Geschäft, und viele wichtige Verträge wurden auf dem Rasen ausgehandelt. Um Golf spielen zu dürfen, mußte man Mitglied eines Golfclubs sein. Und da konnte man nicht einfach so eintreten; brauchte zumindest jemanden, der einen protegierte. Und eine Mitgliedschaft im Golfclub war teuer. Schon am 25. Mai 1907 wurde in Hamburg der Deutsche Golfverband gegründet, der aus Leuten bestand, die sich damit verbundene Aufenthalte im Hotel bzw. Pachtkosten für die Golfwiese leisten konnten.

Wesentlich anders ist das heute auch nicht. Golf ist nach wie vor eine jener Sportarten, die man in einer Art Gesellschaftskleidung spielt, zwar ohne Krawatte, aber mit sehr teuren zweifarbigen Lederschuhen. Außerdem ist Golf nur im Hochsommer schweißtreibend. Dieser Sport verlangt Köpfchen und Fingerspitzengefühl wie ein delikates Geschäft. Nicht von ungefähr gilt der weltbeste Golfer Tiger Woods als der zweiteinflußreichste Prominente überhaupt. Nach Tom Cruise merkwürdigerweise.

Die Träger sind mittlerweile durch motorisierte Caddies ersetzt worden. In so einem Wiesenauto mit breiten Reifen und leisem elektrischem Antrieb läßt sich auch viel besser über Verträge verhandeln als im Beisein eines eventuell geschwätzigen Butlers.

Und so sind denn die *German Business Masters* auch eine Art Betriebssportfest der deutschen Wirtschaftsgrößen. Die Mannschaften setzen sich aus Mitarbeitern und Geschäftspartnern einer Firma zusammen und tragen lustige Namen wie *Jaguar House Krüll GmbH* oder *insure XL*. Die Ergebnisse werden in Brutto und Netto ausgedruckt. In acht eintägigen Matchs spielt man auf verschiedenen Plätzen, unter anderem in Rot um den Wanderpokal der Silbermanufaktur Däumner. Dieser wird dem Siegerteam nach dem Finale im *Dorint Roxal Golfressort* und *Spa Camp de Mar* überreicht.

Golf ist der europäische und amerikanische Nobelsport Numero eins. Und da die Japaner den Europäern und Amerikanern, wie immer in den Fragen des modernen Lebensstils, nicht nachstehen wollen, bauen sie Golfplätze in Tokio auf den Dächern ihrer Wolkenkratzer – Platzmangel macht erfinderisch. Auf Dachterrassen servieren sie Geschäftspartnern aus Übersee deutsches Bier und amerikanische Drinks. Geschäfte werden hier angedacht und nachts in der Karaoke-Bar besiegelt. Sind die japanischen Geschäftsleute unter sich, spielen sie allerdings immer noch Go in sündhaft teuren Morgenmänteln. Bleibt eine letzte Frage: Warum denkt eigentlich jeder, wenn er von einer *Generation Golf* liest, an das Auto?

Ausgewählte Preise: Ein Schläger der Marke Wilson »fat shaft« kostet ca. 2500,– DM. Der Tragebag »Hoofer 2« der Firma Ping ist zur Zeit für ca. 430,– DM erhältlich.

Die Gebühren für Aufnahme bzw. Mitgliedschaft sind
von Klub zu Klub sehr verschieden; sind aber in jedem
Fall höher als etwa die in einem Tischtennis- oder Hand-
ballverein. Und auch für die Erneuerung der verschiede-
nen Golfutensilien sollte man pro Jahr etwa 1000,– DM
einplanen.

HALBTROCKNER SEKT

Wenn ein Mittvierziger, eigentlich nicht auffällig, halb-
teurer Anzug, halbteure Schuhe, mittelständisch eben,
zu Beginn der neunziger Jahre in einem Münchner
Restaurant einen halbtrockenen Sekt bestellte, versetzte
er den Kellner in Aufruhr. Der Kellner lief zum Küchenchef, fragte aufgeregt nach den Beständen und zeigte
heimlich mit dem Finger auf den merkwürdigen Gast.
Der Küchenchef ging in den Keller, fand nichts, drückte
dem Lehrling zwanzig Mark in die Hand und schickte
ihn zum nächsten Supermarkt, drei Flaschen *Faber Halb-*
trocken kaufen. Es konnte auch eine andere Sorte sein,
Hauptsache halbtrocken. Derweil vertröstete der Kellner
den merkwürdigen Gast und lud ihn und seine Beglei-
tung auf Rechnung des Hauses zu einer Weißwurst mit
Brezel ein. Die Dame, die den Gast begleitete, lehnte bedauernd ab.
Zu Beginn des neuen Jahrtausends weiß der Kellner
Bescheid und hat auch einige Flaschen Halbtrocknen auf
Lager. Denn es handelt sich bei dem Gast mit dem außer-
gewöhnlichen Geschmack um einen jener aufstrebenden
Ostdeutschen, die zwar ihre Kleidung gewechselt haben,

ihre Trinkgewohnheiten aber nicht. Wir wollen doch das Kind nicht mit dem Bade ausschütten, belieben sie zu scherzen und bestellen noch eine Runde für sich und die Dame. Sie fügen sich in die Marktwirtschaft ein, ohne regionale und soziale Belange aus den Augen zu verlieren. Der Anzug ist wahrscheinlich von *Boss*, genau wie die Schuhe es sind, aber die heimatliche Hausbar ist mit Ostprodukten gefüllt. Da steht neben *Falkner Whisky* und *Wilthener Goldkrone* die Flasche *Nordhäuser Doppelkorn*, und im Kühlschrank ist der halbtrockene *Rotkäppchensekt* plaziert.

Im März wird auf dem Balkon oder auf der Veranda angegrillt, und der Hausherr trägt über dem Hemd von *Daniel Hechter* eine Schürze mit einem Cocktailrezept.

Doch ganz hinten im Kühlschrank steht eine Flasche *Mumm Extratrocken*. Man muß immer auf Geschäftspartner aus dem Westen eingestellt sein.

Die Vorliebe für trockene Getränke scheint nach Osten, über die Oder-Neiße-Grenze hinaus, stetig abzunehmen. Als wolle sich der Morgen versüßen.

Der unter Mitgliedern der Russenmafia und im Kreml überaus geschätzte Krimsekt *Krimskoe* ist so abgemischt, daß auch die Variante *Extratrocken* noch eher lieblich schmeckt.

Die Firma *Rotkäppchen* hat eine Sorte Sekt sogar noch etwas süßer gemacht, um sie speziell nach China exportieren zu können.

Für die junge chinesische Bourgeoisie könnte sich darin das Prickeln des westlichen Wirtschaftssystems mit dem süßlichen Nachgeschmack des traditionellen Pflaumen- oder Reisweins verbinden.

Den wahrscheinlich billigsten Champagner gibt es bei Aldi, für 19,98 DM. Halbtrocknen Sekt kann man ebenso schon für Beträge um die 5,– DM bekommen. Die Firma Cartier verkaufte zum Jahreswechsel 1999/2000 einen Jubiläumschampagner mit kleiner Goldschmiedearbeit für 2500,– DM.

HAUS

Jüngere Schauspieler wie Brad Pitt haben auf der Höhe ihres Ruhmes wahrscheinlich die Vorstellung entwickelt, alles zu können. Sie glauben, wenn sie in die Rolle eines anderen Menschen schlüpfen, auch dessen Fähigkeiten anzunehmen. Wahrscheinlich hat Pitt irgendwann ein Drehbuch gelesen, nach dem er die Rolle eines Architekten oder Innenarchitekten mimen sollte. Jedenfalls konnte er nicht umhin, sich ein Haus plus Einrichtung zu entwerfen, natürlich mit einer Badewanne aus Marmor. Ein deutsches Architekturbüro hat ihm bei der Realisierung seines Drehbuchtraumes geholfen.

Sieht man dieses Haus, meint man, Pitt sei mit der Rolle irgendwie durcheinandergekommen. Die Räume sind spartanisch geworden und scheinen sich an den Staatsgefängnissen des Mittleren Westens zu orientieren. Das ganze Wohnensemble sieht wie ein Alptraum des Polizisten aus, den Pitt im Film *Seven* spielte. Setzt Pitt vielleicht Coolness, so verwirklichen andere wie der berühmte Friedensreich Hundertwasser auf die Vorstellung vom ewigen Kindsein, was bei großen Künstlern dann immer einen außer Rand und Band geratenen Farb- und Formenpunch auslöst.

Auch beim Eigenheimbau ist natürlich alles eine Frage des Geldes. Der untere Mittelstand hat es mit Hilfe eines Bausparvertrages irgendwann zum Standardreihenhaus geschafft. Andere bauen sich Datschen wie weiland Bayernkönig Ludwig sein Neuschwanstein; Aussteiger gründen mit anderen Aussteigern Wagenburgen und lassen sie von ABM-Kräften instand halten.

Legen Tennisspieler den Schläger beiseite, folgen sie anderen Rentnern in die Sonne. Was gibt es Schöneres, als auf Mallorca den Ruhestand zu genießen?! Das hat auch Boris Becker gedacht und wollte dort bauen. Er hat viele Freunde, und die brauchen alle mal ein Zimmer und ein paar ruhige Stunden in der Sonne. Zufällig befand sich Beckers Grundstück aber auf geschütztem Gebiet, so daß nur eine eingeschränkte Bebauung zulässig war. Becker ist Becker, dachte Becker und baute dennoch los. »Ich schenke euch auch eine Tennisschule«, versprach er.

»Wozu brauchen wir einen Boris Becker als Aushängeschild, wenn wir doch einen Carlos Moya haben?« schimpfte Jaume Font, ein Oppositionspolitiker, und verwies auf die bestehenden Gesetze und vor allem darauf, daß auch ein Boris Bumbum sich daran zu halten habe. Beckers Landsitz droht nun ein Teilabriß.

Möchte man nicht im mehr oder minder gewöhnlichen Reihenhaus residieren, sollte man sich in Monaco nach einem Domizil umsehen: eine Villa im Stil der Belle Epoque im Herzen des Steuerparadieses kostet dafür aber auch 41 Millionen FF. (gefunden im Internet)

HOCHZEIT

Hochzeiten werden oft zum Anlaß genommen, der Welt mal so richtig zu zeigen, wo man eigentlich steht. Prominente überbieten einander mit ihrem Aufwand und Pomp. Als am 22. Dezember 2000 Louise Veronica Ciccone (Madonna) und Guy Ritchie die Ehe eingingen, taten sie dies im schottischen Skibo Castle. Madonna trug ein cremefarbenes Kleid von Stella McCartney, das *Cartier*-Diamanten-Diadem, das schon Grace Kellys Hals geziert hatte, und mit Diamanten besetzte Cowboystiefel. Zur Party sang Luciano Pavarotti neben einem roten Flügel. Diese Hochzeit setzte Maßstäbe. Mit altertümelnden aristokratischen Events wie Freibier fürs Volk oder einer Amnestie für Betrüger und Taschendiebe ist dem wohl schwerlich beizukommen.

Am wichtigsten war jedoch, daß die internationale Presse schon Wochen vorher über das Ereignis berichtete. Madonna und Ritchie heirateten vor den Augen der Weltöffentlichkeit.

Das ist das Höchste des Erreichbaren. Von hier geht es stufenweise abwärts. Wenn der spanische Thronfolger heiratet oder Gerhard Schröder die Doris Köpf, ist die Hochzeit noch ein nationales Ereignis. Für eine großzügige Spende an seine Stiftung für leukämiekranke Kinder würde eventuell José Carreras als Freund der Familie auftreten, aber bestimmt nicht neben einen roten Flügel drapiert.

Bei der Hochzeit eines Junior-Firmenchefs und Hobbyjägers kommen die Geschäftspartner, und der Jägerchor singt.

Heiratet das Enfant terrible einer Kleinstadt, ist die Hochzeit immerhin noch Stadtgespräch.

Die meisten Bürger jedoch feiern im Kreise der Familie und kommen selbst für eine Anzeige im Lokalblatt auf, es sei denn, sie entschließen sich zu einer heimlichen Hochzeit, an der nur die Brautleute und der Standesbeamte teilnehmen.

Anders als in armen süditalienischen Dörfern, wo die Eltern für die Hochzeit ihres »Einzigen« manchmal die Ersparnisse eines ganzen Lebens auf den Kopf hauen, geht es in Deutschland oft sehr sparsam zu. Ganz klar: Für viele Paare ist das Heiraten eine eher nüchterne Angelegenheit, die zudem viel mit einem schnöden A4-Formular namens Steuererklärung zu tun hat. Auch sind so schöne Traditionen wie »ihren Alten um die Hand anhalten« zunehmend vom Aussterben bedroht. Ganz zu schweigen (und Gott sei's gedankt) von den Sanktionen aus der Mittelalter-Zeit, in der man den Heiratstermin in jedem Falle mit dem jeweiligen Fürsten abstimmen mußte. Denn der Fürst war ein vielbeschäftigter Mann und wollte das Recht der ersten Nacht in Anspruch nehmen. Nach der Zustimmung des Landesherrschers fragte der Bräutigam den Vater der Braut, ob der seine einzige Tochter herzugeben gedenke, und regelte die Mitgift. Zu guter Letzt fragte der Priester in die Runde, ob jemand was gegen die Vermählung einzuwenden habe. »Wer jetzt nicht spricht, der soll für immer schweigen«, sagte er. Die Schwiegermutter weinte laut. Wenn man welche hatte, wurden Ringe getauscht, und schon war man verheiratet.

Will man heute eine gesetzlich anerkannte Ehe schließen, führt kein Weg am Standesamt vorbei, egal welcher Konfession man angehört. Außer in jenen Kreisen, in denen der Standesbeamte aus Sicherheitsgründen oder gegen Aufpreis zum Hausbesuch kommt.

Die meisten Standesämter sind in Rathäusern untergebracht, und Rathäuser sind, hinsichtlich der Bausubstanz, Häuser wie andere Häuser auch. Es kann schon mal vorkommen, daß unmittelbar vor dem Eingang zum Standesamt irgendwelche Kabel verlegt werden. Dann kommt ein kleiner Bagger, reißt die Straße auf und baggert einen Kabelgraben. Das Standesamt stellt deshalb seine Geschäfte nicht ein. Über den Kabelgraben werden Bretter gelegt, damit Brautleute, Angehörige und die Beamten ins Amt kommen.

Hier trennt sich die Spreu vom Weizen. Natürlich würde Madonna nie und nimmer mit ihren diamantbesetzten Cowboystiefeln über eine Baugrube schreiten. Aber die anderen müssen. Je mehr Probleme sie dabei haben, um so höher ist der Wert ihrer Hochzeit. Jene, die heimlich heiraten, kommen in Alltagskleidung und machen einfach einen großen Schritt. Bei Familienhochzeiten wird sich sicher ein Verwandter finden, der der Braut über die Bretter hilft. Der Bräutigam natürlich nicht. Der ist viel zu nervös. Sein Vater kommt für diesen Job wohl eher in Betracht. Zum Glück hat die Braut keine Schleppe mit Nerz, die sich im Holz verhaken könnte.

Schwieriger wird es schon, wenn der Stürmerstar des ortsansässigen Bundesligavereins mit einer amerikanischen Luxuskarosse vorfährt. Die Braut stakst im Blitzlichtgewitter über die Baugrube. Blumenkinder in Fußballtrikots bestaunen den kleinen Bagger. Ein Junge kommt versehentlich an den Anlasserknopf, und eine Dieselfahne versaut das 10 000 Mark teure Brautkleid.

Die Hochzeit des Bundeskanzlers würde man unter diesen Umständen wahrscheinlich verschieben, da die Holzbretter das Gewicht der **Bodyguards** nicht aushalten.

Da hatte es Madonna leichter. Der Priester machte Hausbesuch. Als die Gäste gegangen waren, hat man einfach die Zugbrücke des Castles hochgeklappt, und die junge Familie Ritchie hätte ihre Ruhe gehabt, wenn die **Kinder** nur geschlafen hätten.

Eine normale standesamtliche Trauung (am Wochenende) kostet ca. 200,– DM.

Wer das nötige Kleingeld für einen großen Empfang nicht aufbringen kann, aber dennoch ein wenig protzen möchte, nutzt am besten die Rolls-Royce-Vermietung. Für 580,– DM gibt es die Hochzeitspauschale all inclusive: 3 Stunden Mietdauer, Dekoration des Autos plus Seidenblumengesteck für die Motorhaube sowie ein Glas Sekt für das Brautpaar.

DAS HOHE C

Die italienischen Anhänger des Belcanto haben seit dem Jahr 2000 einen Lieblingsfeind. Er ist Dirigent und heißt Ricardo Muti. Beschäftigt ist er an der Scala in Mailand.

Bislang war es usus, daß in großen Opernhäusern am Ende der Arie *Ah si, ben mio, coll'essere io tuo* in Verdis Oper *Troubadour* das dreifach gestrichene C erklang. Wer diesen Ton nicht beherrschte, durfte dort nicht singen.

Für einen Tenor ist es ein Ausweis höchsten Vermögens, diesen Ton zu treffen und zu halten. Pavarotti, Carreras und Domingo schmettern ihn gleich zu dritt über die Open-Air-Bühnen dieser Welt. Manchmal sogar bei Regen. Wenn Tenöre das hohe C beherrschen, wollen sie es zeigen, und zwar in jeder Arie, die auf einem C endet. Verdis *Troubadour* hat nun den Makel, daß die oben angeführte Arie mit einem einfach gestrichenen C schließt. Muti verlangt von seinen Solisten, sich an diese Notierung zu halten. Das gebiete die historische Redlichkeit.

Die Tenöre sind eingeschnappt. Und die Anhänger des Belcanto schäumen vor Wut. Warum sollte man jetzt noch in die Oper gehen? Gläser zerspringen nicht mehr, und auch die Frauen fallen nicht mehr reihenweise in Ohnmacht. Und das in der Scala, dem Centro des Belcanto.

Das hohe C läßt sich nur in Gefühlen, nicht aber in Geld ausdrücken.

JAGD

Wer auf sich hält, erlegt sein Wildbret selbst. So war es früher, als die Jagd noch zur Nahrungsbeschaffung diente. Den Ackerbau und die Viehzucht überließen die Adligen und die Seelsorger bald anderen, doch auf einen Nervenkitzel beim Pirschen, Zielen und Treffen wollten sie nicht verzichten. Vielleicht sind mehr Adlige bei Jagdunfällen ums Leben gekommen, als an Erbkrankheiten gestorben. Wahrscheinlich machte das den Adel überhaupt aus, daß man bei der Jagd hin und wieder sein Leben riskierte.

Der deutsche Kaiser Wilhelm II. ließ sich zu diesem Zweck eigens mit der Eisenbahn in abgelegene Schlösser nach Norddeutschland fahren. Von der Kaiserrampe, einem einsamen, nicht überdachten Bahnsteig mitten im Wald, ging er direkt auf die Pirsch. Auf einem kleinen Hügel wartete er auf vorbeiziehendes Wild, um ihm mit einem gezielten Schuß den Garaus zu machen. Man berichtet, daß Seine Hoheit am liebsten auf Wildschweine schoß. Überliefert ist außerdem, daß er, zur Erinnerung an besonders kapitale Böcke, an den jeweiligen Stellen im Wald Gedenksteine aufstellen ließ.

Auch Erich Honecker gefiel es, das internationale diplomatische Corps zur Staatsjagd zu laden, um seine Schießkünste zu demonstrieren. Man muß an den Stasimann auf einer Waldlichtung denken, der auf einen Hasen einprügelt. Doch der Hase will nicht gestehen, ein Wildschwein zu sein.

Nach alter kommunistischer Sitte waren diese Events bestens durchorganisiert. Sollte nämlich wider Erwarten ein neunzigjähriger mongolischer Ehrengast sein Ziel verfehlen, zauberte einer der zahllosen Helfer einen halbtoten Hasen aus dem Ärmel und beglückwünschte den greisen Mongolen zu seinem hervorragenden Schuß.

Die Arbeiteraristokratie hat mittlerweile abgedankt. Geblieben sind die wirklich alten Geschlechter. Noch heute lädt die britische Königsfamilie in jedem Jahr zur Fuchsjagd. Horden wohlerzogener und blaublütiger Hunde treiben die Rotschwänze vor die aristokratischen Gewehrläufe aus aller Welt. Mag sein, daß die Fuchskadaver bislang zu Tiermehl verarbeitet wurden und Großbritannien deshalb das Mutterland von BSE wurde. Als durchschnittlicher Mitteleuropäer fragt man sich jedenfalls, wer die ganzen Füchse aufißt oder was sonst mit ihnen passiert.

Es ist nicht mehr so, daß jene, die sich mit »Weidmanns Heil« grüßen, uneingeschränkt bewundert werden. Kaum einer bringt eine Frau dazu, einen Herren nach Hause zu begleiten, nur weil er über eine exklusive Trophäensammlung verfügt. Zwar durchstreifen noch immer Jägerinnen und Jäger die Wälder auf der Suche nach kapitalen Zwölfendern, doch werden sie mittlerweile von grölenden Umweltschützern begleitet. Das verängstigte Wild zieht sich bei solchem Lärm in die hintersten Zipfel des Waldes zurück.

Der Jäger traut sich kaum noch, in der Öffentlichkeit Filzhut und Uniform zu tragen. Die schweren Stiefel und den grünen Mantel hat er im Fonds seines Landrovers versteckt und legt sie erst kurz vor dem Waldgang an. Der Waldgang selbst wird generalstabsmäßig und unter absoluter Verschwiegenheit organisiert. Zu groß sind die Wellen der Aggression, die dem Jäger entgegenschlagen. Erst im Wald, Schulter an Schulter mit den anderen vom Jagdverein, kann man die teure Flinte stolz über die Schulter hängen. Und wie sehr dieser gemeinsame Pirschgang dann zusammenschweißt, sieht man in jedem besseren »Tatort«: Gerade hat Manfred Krug oder Ulrike Folkerts den fiesen Arzt Soundso wegen seines gefakten Alibis in der Mangel, da kommt der Oberstaatsanwalt zufällig herein und staucht zunächst mal die depperten Kommissare zusammen: »Was die wohl denken, der Dok-

tor Soundso ist über jeden Verdacht erhaben, man kenne sich schließlich seit langem aus dem Jagdverein!«
Unbeschadet von all dem Trubel sitzt der Angler meditierend am Teich, am Kanal oder in seinem Kahn auf der Ostsee. Er ist der unauffällige Bruder des Jägers, und sein Freizeitspaß hat eh nicht den Ruch des Aristokratischen, sondern gilt als Volkssport. Deshalb drängt sich der Angler nicht ins Bewußtsein militanter Tierschützer. Wenn man hört, Bill Gates sei beim Fischen, obwohl Microsoft vor einem schwierigen Prozeß steht, nickt man nur und denkt, jeder braucht mal etwas Ruhe. Der Fluß, der Teich und der Angler sind akzeptierte Ruheräume des Mannes. Wer sich da hinein begibt, ist für die Welt eine Zeitlang tabu, befreit von jeglicher Verantwortung und Macht.

Ein besseres Jagdgewehr wie etwa die Doppelbüchse »Classic Big Five« der Firma Krieghoff kostet 36 000,– DM.

KINDER

Kinder sind nicht per se Statussymbol. Doch wenn man welche hat, sollten sie schon etwas hermachen, und die erste diesbezügliche Entscheidung ist die für den **Namen**. Im Namen drücken sich auch jene besonderen Hoffnungen aus, die die Eltern in ihre Sprößlinge setzen. Kinder, die Adrian oder Aphrodite heißen, sind bestimmt nicht gezeugt worden, damit sie als KFZ-Mechaniker oder als Verkäuferin im Supermarkt enden.
Die mittlerweile geschiedenen Eheleute Barbara und

Boris Becker wollten ihre Söhne auch nicht mit Aller-
welts- und Modenamen ausstatten. Da mußten schon die
Größen der Bibel herhalten; der Schiffbauer, ein Erz-
engel, ein Prophet und ein heiliger König, außerdem soll
man wohl den Popmann Peter Gabriel oder auch den
früheren Kult-Tennisspieler Yannick Noah assoziieren.
Noah Gabriel und Elias Balthasar können sich jedenfalls
glücklich schätzen, in Deutschland mit seinen rigiden
Gesetzen zur Namensgebung getauft worden zu sein.
Andernfalls hießen sie womöglich »Center Court« und
»Matchpoint«. Lateinamerikanische Eltern schießen in
dieser Beziehung häufig übers Ziel hinaus. Die hondu-
ranische Regierung sah sich gezwungen, Namen wie
»Zündkerze« oder »Kühlergrill« zu verbieten. Zum
Schutz der Kinder.

Heute sagt zwar in Westeuropa niemand mehr, »daß die
Kinder es einmal besser haben sollen« (was in der Nach-
kriegszeit für viele ein Lebensziel war), doch logischer-
weise möchte man seine Kinder auch heute in einem
möglichst freundlichen Umfeld aufwachsen lassen und
ihnen neben Bildung und Erziehung auch ein finanziel-
les Polster mit auf den Weg ins Leben geben.

Während man früher Geld in einen Sparstrumpf steckte
oder ein Sparbuch anlegte, richtet man heute für das
Kind einen Aktienfonds ein und versorgt sich zudem mit
allerlei Informationsmaterial für Kurse und Schulungen.
Denn in ihren ersten fünf Lebensjahren sollen Kinder all
das lernen, was die Eltern in den Jahren zuvor versäumt
haben. Und sie, Mütter und Väter, bilden sich mit.

Viele Säuglinge gehen deshalb heute in die PEKiP-Kurse.
Das sind Veranstaltungen, auf denen vor allem genervte

alleinerziehende Mütter oder Hausfrauen herumsitzen, um spielen zu lernen bzw. den richtigen Weg, ihre Zuneigung auszudrücken. Die Kinder rollen derweil auf Teppichen herum. »Auch Babys können Freundschaft schließen!« wirbt die Kursankündigung. Noch haben die Säuglinge Spaß. Ihre Mütter rechnen sich gegenseitig die Monate vor, in denen die Babys angefangen haben zu lachen, zu sitzen, zu stehen. Insgeheim hoffen sie, ein hochbegabtes Kind zur Welt gebracht zu haben, und kümmern sich schon mal um Förderkurse.

Sollten die Kinder z. B. früh das Wort »Geige« aussprechen können, vielleicht auch noch etwas vor dem Zeitpunkt, an dem ein Kind so etwas üblicherweise kann, wird es Zeit für die musikalische Früherziehung. Bald schon wird ein Instrument angeschafft. Musik allein schult jedoch zu einseitig – da meldet man das Kleine am besten noch im Sportverein an. Rhythmische Sportgymnastik womöglich, weil da musisch *und* körperlich geschult wird.

Eine Kindheit ist heute Streß. Vor allem bevor man in die Schule kommt, in jener Zeit also, in der die Mütter zu Hause bleiben. Am liebsten wäre es den Müttern, die Kinder könnten bald ein Lied spielen und singen, so ein schönes wie *Mama, ich danke dir.* Zum Weihnachtsfest und auf den Geburtstagen der Großeltern muß das Kind dann vortragen. Die Mutter sitzt gleich vorn rechts und drückt theatralisch die Daumen. Bald kann man das Kind in einer Fernsehshow präsentieren. Bei *Kinderquatsch* mit Michael Schanze beispielsweise. Wenn die Mutter stolz behauptet, die Tochter habe das Lied selbst geschrieben, ist die Sache perfekt. Aber Vorsicht: Mütterchen weiß noch nichts von der harten Punk-Band, die das Kind einmal gründen wird.

Eltern, denen das Geld für eine musikalische Ausbildung der Kinder fehlt, streben einen Auftritt in der Mini-Play-backshow an. Diese Kinder sollen wie Madonna oder Michael Jackson in klein aussehen – wie gute Glasperlen, ruft die Mutter aus der Küche. Die Erwachsenenwelt schaut entzückt, und Oma wischt sich eine Träne aus dem Augenwinkel.

Bleibt der Vater zu Hause, ist es auch nicht besser. Dann soll der Steppke den ganzen Tag Automarken an jenen Geräuschen erkennen lernen, die entstehen, wenn man den Tankdeckel aufschraubt. Vater will zu Gottschalks *Wetten, daß...?*

Geht es auf die Schulzeit zu, versucht natürlich jeder, die beste Schule für sein Kind zu finden. Eine, die nicht zu spät mit dem Fremdsprachenunterricht beginnt und musische wie mathematisch-naturwissenschaftliche Begabungen gleichermaßen fördert. Später soll der Zögling auf ein Elitegymnasium.

Fälle, in denen der übertriebene Ehrgeiz der Eltern zum späteren Bruch mit den Kindern geführt haben, durchziehen die Kulturgeschichte und werden, wie etwa das Beispiel der Clara Wieck und ihres gestrengen Vaters, immer wieder gern als Vorlagen für Filme und Romane genommen. Wolfgang Amadeus Mozart und Steffi Graf sollen ähnlich besessene Väter gehabt haben. Und auch wenn das in einigen Fällen wirklich zum Erfolg geführt haben mag – den Pädagogen zufolge wird eher eine sehr unbeschwerte, von der Lust am Spielen und Ausprobieren bestimmte Kindheit die für später angestrebte Kreativität im Beruf befördern. In Japan, wo die Kinder allgemein sehr früh und ganztags einem erheblichen Leistungsdruck ausgesetzt sind, ist man angeblich am Umdenken. Eines Tages will man auch hier nicht mehr nur die pfiffigsten Honda- und Hitachi-Konstrukteure, sondern auch kleine Bachs und Goethes vorweisen.

Das staatliche Kindergeld für einen Sprößling beträgt bis zum 18. Lebensjahr summa summarum 58 120,– DM.
Spielzeug: siehe Spielzeug
Preise Internate/Privatunis: siehe Bildung

KOKAIN
(umgangssprachlich: Koks, Schnee, Nasendreck)

Nach einer Schulfeier oder einem Ausflug in den Tierpark muß es gewesen sein, als der junge österreichische Skispringer Andi Goldberger zu seinen Freunden sagte: Heute machen wir mal ganz was Besonderes.
Einer der Freunde hatte aus dem Schreibtisch seines Vaters, eines gestandenen Rechtsanwalts, ein Tütchen mit weißem Pulver geklaut. Es sei eine Art Schnupftabak, sagte der Freund, und daß er den Vater dabei beobachtet habe, wie der hin und wieder davon nehme, bevor er sich am Abend nach Innsbruck begebe und erst am nächsten Mittag zurück sei, vollkommen erschöpft, aber irgendwie glücklich. Die Mutter des Freundes weinte in diesen Nächten.
Andi glaubte, als er von dem Pulver geschnupft hatte, er würde in diesem Jahr und wohl auch im nächsten die

Vierschanzentournee und den Weltcup gewinnen, und wollte gleich hoch auf den Berg Isel und einen Schanzenrekord aufstellen. Ski brauche er keine, dachte er, seine Füße seien groß genug. Die Sache kam raus, und der österreichische Skiverband sperrte den Andi für einige Zeit. Da wollte der für Slowenien springen.

Der Fernsehsender Sat 1 ließ im Herbst 2000 in den Reichstag einrücken. Mit Mundschutz und Handschuhen stürmten weißgekleidete Menschen in die Toiletten, zu denen eigentlich nur Abgeordnete Zugang haben, und wischten mit sterilen Tüchern Staub von den Konsolen. Kokainstaub, wie sich herausstellte. Ganz bestimmt hatten die Abgeordneten nicht die große, never ending Party im Sinn, sondern wollten nach all den Debatten um Rente und Benzin einfach mal die Sterne sehen, getreu dem Motto des deutschen Dichters Gottfried Benn: »Oh, Nacht, ich nahm schon Kokain...«. Reichstagsklo hin, Reichstagsklo her, den, um im Bild zu bleiben, Weg zur Milchstraße findet man nicht in der Versammlungspause, sondern nur auf einer richtigen KOKAINPARTY. Auf Kokainpartys ist niemand müde. Man trinkt und trinkt und wird nicht betrunken. Alle sind schön, und alle sind fröhlich, die meisten sind reich, und man geht zu zweit aufs Klo, um sich »mal eben die Nase zu pudern«. Dann werden kleine Kristalle mit einer Rasierklinge zu weißem Pulver zerhackt und durch einen aufgerollten Tausenddollar- (oder -mark-) Schein in die Nase gezogen. So will es der Mythos. Und wenn der Stoff zur Neige geht, zieht jemand das Handy aus der Tasche und telefoniert mit Jeff. Jeff ist immer irgendwo in der Nähe, und Jeff hat den besten Stoff.

Kokain war lange die Droge der Schönen und Reichen. Allerdings ist der Preis in den letzten Jahren um mehr als die Hälfte gesunken. Das macht es noch nicht billig, aber außer Designern und Stars können sich jetzt auch die einfachen Angestellten und die Garderobieren der Stars so etwas kaufen. Der Student kann Omis Weihnachtshunni verbraten. Insofern kennzeichnet das Kokain den User heute vor allem als einen, der »über die Grenze«, auf die andere Seite der Seele will und dabei wissentlich Verbotenes tut. Bei der Prothese, die durch das ausdauernde Schnupfen nötig wird, scheiden sich die Reichen allerdings noch immer von den nur Wohlhabenden. Mick Jagger soll eine Nasenscheidewand aus Platin haben.

So richtig wirkt Kokain aber erst, wenn einer beim Schnupfen ertappt wird. Jedes Nachrichtenblatt und jedes Hochglanzmagazin weiß von überführten Koksern zu berichten.

Konstantin Wecker beispielsweise ließ sich erwischen, als sein Ruhm als Liedermacher zu verblassen drohte. Plötzlich war er wieder im Gespräch. Mancher Familienvater spürte, als er davon las, die alte Rebellion in sich, schickte die Kinder früh ins Bett, kramte die Kopfhörer heraus und hörte den guten Konstantin vom Willi singen, der es mit den Linken hielt und am Münchner Viktualienmarkt versackte.

Da war er wieder, der große Wecker. Und damit er nicht zum Buhmann wurde, wandte er sich ab vom Teufelszeug Kokain und bewahrte den Familienvater vor Schlimmerem.

Allerdings wird Wecker bald endgültig vergessen sein, wenn er nicht wie Juhnke zyklisch zusammenbricht.

Kokain hat wie Alkohol nur eine begrenzte Wirkung. Dem weißen Blueskönig »Mr. Slowhand« Eric Clapton schließlich war es vorbehalten, mit seinem *Cocaine* die definitive Hymne zu singen. Ein Ohrwurm, der die Warnung vor dem Teufelszeug wie auch eine sanfte Begeisterung dafür vereint. Und denken wir an Filme wie *Pulp Fiction* oder *Trainspotting*, an *True Romance* oder *Lola rennt*, die sich alle irgendwie um die Säckel mit dem weißen Zeugs drin drehen. Auch in der Politik, speziell in der amerikanischen, sind die Drogen im allgemeinen und das Kokain im speziellen ein Thema: Die USA schickten 1989 sogar ihre schnelle Eingreiftruppe nach Panama, um den vermutlich in den Rauschgifthandel verstrickten Präsidenten General Noriega verhaften zu lassen. Findige Frankfurter Azubis zermahlen übrigens Tafelkreide, mischen etwas Waschmittel darunter und verkaufen das Zeug »ganz billig« an Newcomer in der Kokserszene. Ärger bekommen sie nicht. Sie vertrauen auf die Eitelkeit der Abnehmer. Einer, der unbedingt dazugehören will, würde nie zugeben, daß er außer einem komischen Gefühl in der Nase und einem ekligen Geschmack im Mund gar nichts gespürt hat. Eher denkt er sich wie ein Pubertierender die irrsten Sexgeschichten aus oder behauptet, von der Schanze am Berg Isel ohne Ski über hundert Meter weit gesprungen zu sein.

Der Preis für Kokain liegt derzeit zwischen 100 und 120 Mark pro Gramm. Achtung: Obwohl Kokain in jedem zweiten amerikanischen Film und auch in so manchem Techno-Laden gewissermaßen zum Alltag gehört, wird Kokainbesitz überall auf der Welt nach wie vor straf-

rechtlich verfolgt. Für den Deutschen Fußballbund ist es ein Kündigungsgrund, in Amerika gehen Arbeitgeber dazu über, ihre Angestellten zum Drogentest zu bitten. Das Wissen um den Zusammenhang von Drogenkonsum und sozialem Verfall wird bei den Lesern dieses Buches vorausgesetzt.

KOPFBEDECKUNGEN

Wenn Pan Tau dreimal auf seine Melone klopfte und mit dem rechten Zeigefinger an ihrer Krempe entlangfuhr, verkleinerte er sich auf Daumengröße oder wuchs zu Menschengröße an. Andere Zauberer zauberten Hasen aus einem Zylinder, und in Buchläden gibt es den ultimativen Harry-Potter-Hut.

Im Mittelalter und in der frühen Neuzeit hatte jeder die Kopfbedeckung, die seinem Stand zukam: Der König trug die Krone. Die Musketiere des Königs, aber auch die des Kardinals, erkannte man an der überdimensionalen Feder, die an der Krempe befestigt war.

Hüte waren wie die **Jagd** den edlen Männern vorbehalten. Vor diesen zog das Volk die Mütze. Wurde man zum Schiedsspruch der Inquisition und hinterher zum Scheiterhaufen geführt, mußte man sogar riesige spitze Mützen tragen, ähnlich den Kapuzen des Ku-Klux-Klan. Nur, daß die Inquisitionsmützen die Gesichter frei ließen. Diese Mützen brauchte man dann nicht mehr zu ziehen – sie wurden gleich mit verbrannt.

Mit den bürgerlichen Revolutionen und dem amerikanischen Unabhängigkeitskrieg wurde auch in diesem Bereich Demokratie eingeführt. Befreit vom Ernst des aristokratischen Statussymbols und dem Fürwitz des Karnevals wurde er Mode. Zum Fasching Hut zu tragen ist heute eher historische Reminiszenz als Veralberung der Herrschenden. Manche wollen so witzig sein wie Charlie Chaplin mit Stock und Melone. Im Alltag würden sie in dieser Verkleidung jedoch kaum auffallen. Den Preis für das originellste Kostüm bekommt immer einer ohne Hut, wenn er sich den Kopf hat rasieren lassen und auch sonst nackt geht.

Gerichtsvollzieher und Miethaie trieben mit der Melone auf dem Kopf Schulden ein. Sie lüfteten ihre Hüte nicht, wenn sie in das Haus der Schuldner traten, und gaben so ihrer Verachtung Ausdruck. Englische Industrielle setzten die Melone nicht einmal im Auto ab. Vielleicht wirken Melonen deshalb heute ziemlich lächerlich und sind den witzigen Butlern alter Schule vorbehalten, die irgendwo in England immer noch ausgebildet werden sollen.

The same procedure as every year, James.

Zylinder (das sind die Dinger, die heute die Schornsteinfeger tragen) galten bis in die dreißiger Jahre als fester Bestandteil der Abendgarderobe. Tags wurden sie von den Dandys getragen, die damit ihre Rolle als Bohemiens verdeutlichen wollten. Die Dandys trugen weiße Handschuhe zu ihren schwarzen Hüten. So konnten sie nicht spontan eine Bockwurst essen, sondern mußten gut vorbereitet dinieren. Zylinder verwiesen auf reiche Eltern, weniger auf selbst erwirtschaftetes Geld.

Und die häßliche Fratze des Kapitalismus trug Zylinder. Zumindest in den Karikaturen der linken Tagespresse. Diese Zylinder haben bestimmten kommunistischen

Gruppen so sehr gefallen, daß sie sich noch heute auf Demonstrationen entsprechend verkleiden. Als Dandys von heute gelten die Raver, eher erkennbar an ihren orangefarbenen **T-Shirts**, an den müden Augen und den verschnupften Nasen (siehe **Kokain**).

Der Hut ist heute weniger ein Statussymbol als ein modisches Accessoire. In der Zeit des anything goes treten Basecaps und Pudelmützen gleichberechtigt an die Seite der Filzkörper.

Für Hip-Hopper und Break-Dancer z.B. sind Strickmützen obligatorisch. Wenn sie sie nicht auf dem Kopf tragen, lassen sie ihre Mütze lässig aus der Gesäßtasche der Hängehose baumeln. Wie sehr diese Mode von praktischen Erwägungen geprägt ist, wird jeder erkennen, der einen Headspin (Rotieren auf dem Kopf beim Breakdance) ohne Mütze probiert hat. Im Hintergrund bei solch einem Headspin steht immer ein Kiffer und schaut müde zu. Er trägt eine knallbunte Häkelmütze, unter der er seine Rastalocken versteckt. Auf seinem T-Shirt ist ein Hanfblatt abgebildet. Uneingeweihte halten ihn für einen Kanadier, der nicht richtig zeichnen kann. »Aber häkeln kann er«, sagen sie im Vorbeigehen.

Auch wenn Hüte nicht mehr das Nonplusultra für die Köpfe der Männer sind, schränken große Häuser wie *Borsalino* ihre Produktion keinesfalls ein. Denn die Familie der Hutträger hat Zuwachs bekommen. Im traditionellen Kundenkreis der Mafiosi etwa, wo bekanntlich immer mehr Russen und Chinesen ins Geschäft drängen. Und die Mitarbeiter der Russenmafia und der chinesischen Triaden wollen ausgerüstet sein. Neben **Sonnenbrillen** brauchen sie Hüte.

Und der Hut lebt in der Pop-Musik.

»Wenn ein Kind nicht mehr weint wie ein Kind, dann sind wir jenseits von Eden«, sang Drafi Deutscher. Dabei schritt er wie ein moderner Mephistopheles im Trenchcoat und mit breitkrempigem Hut durch den Bühnennebel.

Im ersten Jahr des neuen Jahrtausends schließlich reaktivierte Madonna mit ihrem Album *Music* den Cowboylook. Neben Cowboystiefeln trug sie einen braunen Lederhut. Die Neo-Hilly-Billy-Szene startete zu einem sanften Comeback. Immer wieder sind seitdem in den Fußgängerzonen Countrygitarren zu hören. Alte Menschen freuen sich angesichts des verloren Geglaubten, tasten nach der Hand ihres Partners und stimmen in die Lieder Johnny Cashs ein. Der Lederhut eroberte sich das Terrain zurück, das er vorübergehend den Strickmützen überlassen mußte.

Neben dem offenen Gitarrenkoffer liegt endlich wieder ein Hut für das viele Kleingeld.

Elegante Hüte von Borsalino gibt es in Preislagen jenseits der 1000,- DM. Gleiches gilt für Florentiner-Damenhüte. Strickmützen und Basecaps gibt es ab 10,- DM aufwärts.

KURSE

Waschmaschine und Staubsauger haben das Leben der Hausfrauen enorm erleichtert. Aber vor allem haben sie einen Reichtum geschaffen, der mit Geld nicht aufzuwiegen ist: einen Reichtum an Freizeit.

Wenn man Besuch empfängt, zeigt man gerne, was man selbst geschaffen hat. Während die Gatten mit der elektrischen Eisenbahn spielen, stehen die Frauen vor den Gardinen und staunen. Die Dame des Hauses freut sich. »Wundervolle Keramik«, sagt die Besucherin, während sie eine Blumenschale betastet. »Selbstgetöpfert!« sagt die andere und erweist sich damit als moderne Frau des postachtundsechziger Mittelstandes. Ihre Hippiekleider hat sie ausgezogen, aber ihre Selbständigkeit hat sie sich erhalten. Sie hat einen Ikebana-, einen Meditations-, und einen Töpferkurs besucht und sich so ein erfülltes Leben geschaffen, denn die Kinder sind schon lange aus dem Haus. Als Sekretärin wollte sie nicht mehr arbeiten. Es ist auch höllisch schwierig, mit Mitte Vierzig noch was zu finden. Ihr Mann verdient zum Glück genug.

Während die Frauen vor der Haushaltsrevolution bis spät am Abend Wäsche kochten, Hemden bügelten und mit der anderen Hand die Kinder betreuten, haben sie heute manchmal schon am Mittag frei. Müßiggang aber ist aller Laster Anfang, betont der Volksmund. Und so besucht die moderne Hausfrau Kurse. Und sie ist emanzipiert. Es war nicht umsonst, mit nacktem Oberkörper vergreiste Universitätsprofessoren zu erschrecken. Die Mütter können heute ihren Kindern sogar bei den Matheaufgaben helfen, denn sie haben an der **Volkshochschule** einen Kurs »Höhere Mathematik für Eltern von Abiturienten« besucht.

In den Achtzigern gab es im Westen einen regelrechten Kurs-Boom, und im Prinzip hält dieses sozio-kulturelle Phänomen bis heute an. Frauen, die einmal einen Töpferkurs besucht haben, geben ihr Wissen gern an andere weiter, aber nur dienstags und donnerstags, denn Montag ist Vollwertkochen bei der DAK und am Mittwoch das Treffen der Kakteenfreunde. Freitags, darauf besteht der Ehemann, macht die Familie etwas Gemeinsames. Die Familie hat sich für Freeclimbing entschieden, da die moderne Hausfrau enorm sportlich ist und so der halbwüchsige Sohn zu diesem Spaß sogar freiwillig mitkommt. Nur der Familienvater hat noch ein kleines Problem.

Kurz vor Weihnachten nahm die Frau ihn beiseite. Du mußt etwas für deinen Körper tun. Sieh dich an, die Arme baumeln an dir nur so herum, und du hast bestimmt drei Kilo Übergewicht. Zum Heiligabend liegt ein Gutschein für die Rückenschule unterm Tannenbaum. *Für Papi*, steht auf der Karte. Es wird ein Kurs von sechs Wochen, immer mittwochs und freitags, und die Familie geht in dieser Zeit ohne den Vater klettern.

Ausgewählte Kurse (Angebote in deutschen Tageszeitungen): Madagaskar! Foto-Workshop Modelfotografie vom 22. 9. bis 3. 10. Wir geben drei weibl. »Nachwuchs-Talenten« die Chance, mit einem profess. Team zu einzigartigen Aufnahmen in traumhafter Location zu kommen! all incl. 3885,– DM.

Ayurveda mit Dr. Singh/Indien: Ayurvedischer Kochkurs plus Körperkonstitution/Ausgleich von Körper und Geist/neue Kurse und private Konsultation; je nach Gruppenstärke zwischen 35,– und 85,– DM.

Aerobic, stressfreies Training, jeweils freitags 17.30 Uhr bis 19.00 Uhr im Sportpark »Auensee«; Kosten: 65,– DM im Monat.

Grundkurs Tanz Standard/Latein, 8 x 1,4 h; 150,– DM
Student; DiscoFox 6 x 1 h 85,– DM!/Tanzschule TANZ-
WUT im Alten Straßenbahndepot/Tel.: ...

MACINTOSH

Innerhalb der computerbesessenen Welt gab es eine Gruppe von Menschen, die Außenstehenden wie die Bewohner
eines gallischen Dorfes vorgekommen sein müssen. Bevor
Steve Jobs 1999 den iMac auf den Markt brachte, waren
Apple-Benutzer zumindest in Europa eine elitäre Minderheit. Sie arbeiteten auf Computern der Firma MacIntosh,
die man an einem angebissenen regenbogenfarbenen
Apfel erkannte, und mit Programmen, die von der Mehr-
heit nicht benutzt werden konnten, da diese sich in die
Fänge von Bill Gates und Microsoft begeben hatte.
Die Macs, wie die Apple-Computer von ihren Fans ge-
nannt wurden, waren teurer und verfügten nur über
einen Bruchteil der Menge an Programmen, die auf den
üblichen Standard-PCs mit Microsoftbetriebssystemen
liefen. Das ist nun eher ein Nachteil. Aber wie in einer
Religionsgemeinschaft schwören die Eingeweihten auf
ihre MacIntoshs. Sie seien besser und überhaupt viel
schneller im graphischen Bereich, behaupteten sie. Wer
kreativ arbeite, müsse unbedingt einen Apple benutzen. So erkannte man Graphikdesigner und Werbeleute
an ihren Computern mit dem bunten angebissenen
Apfel.
Steve Jobs war allerdings mit dieser Randgruppen-
existenz seines Produktes nicht zufrieden und führte die

transparenten iMacs ein. Er durchbrach damit das Grau-in-Grau der Computergehäuse. Bald saß jedes Model, das mit einem Computer fotografiert werden sollte, hinter einem iMac, der zur Farbe der Schuhe paßte.

Mit dem G4-Cube wurde der Computer letztendlich zu einem ansehnlichen Möbelstück im Repräsentationsde-sign. Der Cube ist ein kleiner Metallwürfel mit zwanzig Zentimetern Seitenlänge, der in einem Plexiglasgehäuse hängt. Wenn man sich beim Händler danach erkundigt, schüttelt er den Kopf: »Ich würde Ihnen abraten, wenn sie damit arbeiten wollen«, sagt er, »wenn sie aber ein Empfangszimmer ausstatten wollen, ist er genau der richtige.«

Der G4-Cube kostet zur Zeit ca. 1800 US-Dollar.

MOBILTELEFONE
(Handy)

Sie müssen wie alles, was klein und tragbar ist, aus Japan gekommen sein. Man kann mit ihnen Flugzeuge zum Absturz bringen oder Restaurantbesucher belästigen. Verfügt man nicht über zwei bis drei dieser Dinger, ist man entweder ein Einsiedler oder über siebzig. Vor den Drehtüren der Restaurants bilden sich Trauben sprechen-der Mädchen.

Noch bis Ende der achtziger Jahre fühlte man sich be-droht, wenn hinter einem ein Mann ging, der leise vor sich hin sprach, obwohl er allein war. Der Mann war gut gekleidet. Er sah so gar nicht wie ein Verrückter aus, von denen es ja heißt, sie führten endlose Gespräche mit sich selber. Man wartete im nächsten Hauseingang, bis dieser Mann vorbeigelaufen war. Man kann ja nie wissen. Schließlich war am Kopf des Verrückten auch noch eine Antenne zu sehen. Es schien eine Begegnung der dritten Art zu sein.

Diese Art Wahnsinn griff um sich. Menschen sprachen an Hausecken, in Bars und im Auto, und sie waren allein.

Heute wissen wir: Sie haben telefoniert.

Anfangs galten Mobiltelefone als Statussymbol. Manager und Geschäftsleute hatten sie genauso wie Börsenmakler. Sie brauchten sich nun nicht mehr über die mittleren Distanzen auf dem Parkett Geheimzeichen zuzuwinken, sondern telefonierten einfach.

Luxuskarossen wurden fahrende Telefonzellen, und wer über ein Funktelefon verfügte, galt als wichtig. Erreichbarkeit wurde zum Zauberwort. Zum teuren Mantel und zum teuren Anzug gehörte das Telefon. Die Mobiltelefone waren damals noch größer. Am Tage waren sie gut zu erkennen. Nachts begannen sie zu leuchten. Und wer sie hatte, zeigte sie.

Funktelefonierer sorgten dafür, daß sie mitten in einer Konferenz angerufen wurden. Es klingelte, und sie konnten »Einen kleinen Moment bitte« in die Runde sagen. Sie traten einen Schritt beiseite. Sie zogen das Funktelefon aus der Tasche und blickten besorgt, während sie dem geheimnisvollen Anrufer zuhörten. Sie sagten leise etwas und wirkten noch viel wichtiger. Die Konferenzteilnehmer warteten derweil ehrfürchtig. Wenn alles glattging, war der Vertrag perfekt.

Später kreierte das Volk das Wort Handy. Dieses Wort wird, auch wenn es englisch klingt, nur in Deutschland verstanden. Die Wirtschaft sprach von der Mobilfunk-revolution, der Engländer von seinem »mobile«.

Die Handys wurden kleiner und billiger. Mittlerweile gehören Funktelefone zum Alltag, besonders zum Schulalltag. Kaum ertönt das letzte Klingelzeichen, stür-men pubertierende Jungen und Mädchen vor die Schule und telefonieren mit ihren besten Freundinnen oder Freunden oder mit deren besten Freundinnen und Freunden. Es findet sich immer einer, der angerufen wer-den muß. Im Unterricht verschicken sie SMS. Das geht fast geräuschlos und ist unauffälliger, als sich gegenseitig Zettel zuzuwerfen. Und bevor der Zettel ankommt, ist die SMS schon da. Willst du mit mir gehn? Nein. Über Pickel rollen Tränen und tropfen auf die Tastatur. Der Schüler tröstet sich, indem er sich ins Internet einwählt und mit einer Unbekannten chattet.

Die Münchner Verkehrsbetriebe haben das Telefonieren in öffentlichen Verkehrsmitteln inzwischen verboten. Das nun rief die Bürgerinitiative *München Mobil* auf den Plan. Demokratie bedeutet für die nämlich nicht nur, daß jeder über ein Funktelefon verfügen sollte, sondern auch, es immer und überall benutzen zu dürfen.

In der Antike war es übrigens Pflicht der Sklaven, immer in Hörweite zu sein. Wer heute nicht ständig erreichbar ist, verpaßt die tollsten Geschenke der Mobilfunkunter-nehmen.

Jeder, auch jeder Angler und jeder Obdachlose, ist mitt-lerweile rund um die Uhr telefonisch erreichbar. Das bringt die Vertreter der höheren sozialen Schichten dazu, ein angewidertes Gesicht zu machen, wenn ihr Handy auf der Straße klingelt. Wie lästig, denken sie, und dann ziehen sie sich zum Telefonieren in einen dunklen Hauseingang oder in eine Luxuslimousine mit getönten Scheiben zurück. Draußen geht meist ein Mann vorbei. Er trägt einen abgewetzten Wintermantel, obwohl längst Frühling ist. Und er scheint Selbstgespräche zu führen. Die rechte Hand hat er am rechten Ohr.

–,99 DM kostet ein Handy bei gleichzeitigem Abschluß eines Einjahresvertrags bei einschlägigen Anbietern. Ohne Vertrag: 799,– DM für das Designerhandy Nokia 8210 mit Worterkennung für SMS und Vibrationsalarm.
Der Nokia 9110i Communicater sieht aus wie ein kleiner Laptop, er hat unter anderem noch einen Organizer und eine integrierte Freisprecheinrichtung. Das alles für 1259,– DM.

MÖBEL

Auf den Fotos in Prospekten und Katalogen der Einrichtungshäuser werden Möbel in hellen Räumen und meist auf glänzenden Parkettböden präsentiert. Möbel sind mehr als Holzkästen, wird damit behauptet, und wer sich so wie im Katalog einrichtet, handelt nach ästhetischen Kriterien. So ein einsam beleuchtetes Sofa, das in den Modefarben der Saison schimmert und zu Easy-Listening-Klängen ins Swingen kommt, ist schon eine Wucht (denkt man). Man sieht sich schon darauf sitzen und im Feuilleton der *Zeit* lesen. Auf so einem Sofa raucht man

Zigarette mit Spitze, und die Frauen tragen das kleine Schwarze. Dieses Sofa ist seinen Preis wert.

Vater hat etwas geerbt. Mutter verzichtet auf ein Abendkleid, weil sie nicht weiß, wann sie es tragen soll. Trag es am Abend auf dem neuen Sofa, scherzt der Vater. Doch er weiß, für beides wird das Geld nicht reichen.

Da der Laden das Stück nicht vorrätig hat, muß es bestellt werden. Es handelt sich um ein Designersofa aus einer Kleinserie von *ligne roset* und wird direkt nach Hause geliefert.

Nach fünf bis sechs Wochen klingeln ein Fahrer und ein Monteur. Das Polstermöbel ist ja nicht von IKEA. Sie klingeln genau während des Mittagessens.

Das neue Sofa ist etwas breiter als das alte. Von der Vitrine könne man sich nicht trennen, sagt der Vater, sie sei ein Erbstück. Auf ein paar Pflanzen könne man jedoch verzichten. Doch da beißt er bei Mutter auf Granit. Also wird ein wenig gerückt und dann wieder zu Tisch gegangen. Und während die Familie zu Ende speist, stellen der Fahrer und der Monteur das Designersofa im Wohnzimmer auf.

Steht das gute Stück endlich, sieht es ganz anders aus als auf den Fotos. Was im Prospekt noch gewagt reduktionistisch erschien, wirkt plötzlich einfach und billig. Das leuchtende Silber des Stahlrohrs ist nur noch grau. Dafür kommt das verwaschene Erdbraun des Teppichbodens jetzt voll zur Geltung. Und trotzdem, das neue Sofa ist die teuerste Anschaffung der Familiengeschichte. Unwillkürlich geht man auf Zehenspitzen, um das kostbare Möbel nicht aus seinem Schönheitsschlaf zu reißen. Und hat man sich dann an solch eine Ausstattung gewöhnt, so möchte man sie, wie der Ex-Präsident Bill Clinton, nicht mehr missen. Der ließ laut *Bild* bei seinem Auszug aus dem Weißen Haus Möbel im Wert von mehreren hunderttausend Dollar mitgehen.

In der Filmbranche hat man den Durchbruch geschafft, wenn auf dem Klappstuhl mit der Segeltuchlehne nicht nur »Regie« oder »Hauptdarsteller« zu lesen ist, sondern der eigene Name. Natürlich in einer Beschaffenheit, die auch bei Wind und Wetter nicht verblaßt und der Zeit trotzt. Der Stuhl wird von Dreh zu Dreh geschleppt und soll später noch im Filmmuseum ausgestellt werden.

Will man sich nun einrichten, kann man dabei zwei Wege gehen. Man macht sich ein Bild von sich selbst oder dem, was man sein will, und wählt danach die Möbel aus. Oder man kauft zuerst die Möbel und wächst dann in dieses Ensemble hinein.

In vielen Fällen werden der Geschmack und einige Einrichtungsgegenstände dabei von den Eltern übernommen, und schon nach ein paar Jahren sitzt man mit derselben Biermarke auf derselben Couch wie der Vater. Dem gegenüber steht die Ich-brauche-nur-ein-paar-Pappkartons-und-ne-Matratze-Haltung der Studentenjahre. Diese Maxime ist besonders bei WG-Bewohnern verbreitet. Pappkarton und Matratze kennzeichnen die Abkehr von den mehr oder weniger gräßlichen Jugendzimmern aus Preßspan und buntem Furnier, mit denen man einst von den Eltern gequält wurde.

Einen großen Einschnitt im Leben bringt dann, meist unmittelbar nach den Studentenjahren, das Beziehen der ersten eigenen Wohnung. Zwar ist es immer noch ein von der Mutter betreutes Wohnen, aber in die Einrichtung läßt man sich nicht mehr reinreden. Man blättert Kataloge durch und markiert dies und jenes. Man fährt in Möbelhäuser und sammelt die Prospekte ein. Nach langem Hin und Her und schlaflosen Nächten entschließt man sich zum Kauf. Die Wohnung ist noch recht leer. Die neuen Möbel machen sich gut.

Nach einer halben Flasche Wein und ein paar Chips ist man dann trotz der neuen Schränke und Regale etwas einsam und entschließt sich, einen Freund zu besuchen. Der Freund befindet sich gerade in der gleichen Situation. Auch er hat seine erste eigene Wohnung. Auch er hat den gleichen neuen Schrank gerade fertig aufgebaut und natürlich genau dieselbe Regalkonstruktion, die *Ivar* heißt und von *Ikea* stammt.

Ikea ist die Marke für den jungen Intellektuellen mit kleinem Geldbeutel und Hang zum Spartanischen. Einem, der die Zeit und Muße hat, die Dinge auch selbst aufzubauen. Er steht also ganz am Anfang seiner Intellektuellenkarriere und braucht das Gefühl, am Möbel selbst mit Hand angelegt zu haben.

Mit der Zeit verwächst sich das. Der Junge reift zum Mann und geht von billiger Kiefer zu teurerer Buche über. Er endet schließlich bei Kirsche und anderen Edelhölzern. Natürlich keine aus den Tropen. Das verbietet ihm sein politisches Bewußtsein. Heimlich höchstens hat er unterm Bett eine Mahagonifußbank versteckt.

Irgendwann hält er einen Katalog von *Flötotto* in der Hand. Die Farben sind bestechend wie die Funktionalität. Es hat was von Werkbund oder Bauhaus, ist aber weit moderner. Er bestellt und bekommt avantgardistische Regalsysteme aufgebaut.

Der Freund mit dem *Ivar*-Regal ist auf der Karriereleiter weiter unten stehengeblieben und kauft im Möbelhaus neue Bretter und ein Seitenteil mehr.

Der andere Weg zur Erstausstattung führt am schwedischen Möbelhaus vorbei über Flohmärkte, Secondhand und kostenlose Kleinanzeigen. Auch hier sind die Sachen günstig. Doch verbreiten sie anstelle des Geruchs von Klebstoff und Holzschutzmitteln den Duft vergangener Zeiten. Sie sind das, was man so richtig gemütlich nennt. Der Sessel ist noch vom Vorbesitzer angewärmt. Omas Kuchenbuffet ist schön und praktisch. Vorkriegsware.

Damals sei Handwerk noch Handwerk gewesen, sagt der Großvater. Und hat Tränen in den Augen. Oma hatte sich eine neue Küche bestellt, und da mußte das alte Ding raus. Und wenn sie einmal im Möbelhaus waren, gab's auch gleich eine neue Polstermöbelgarnitur. Die riecht wie die Sitze im Auto ihres Sohnes.

Kommt die Secondhandklientel zu Geld, wird sie auf Auktionen antike Möbel ersteigern. Rokoko und Jugendstil. Sie besteht auf Einzelstücken, möglichst vom Schreiner signiert. Da ist dann zwar hin und wieder Tropenholz dabei, doch stammt es aus einer Zeit, als der Urwald noch in Ordnung war.

Und die Gebildeten kaufen Original *Bauhaus* oder *Werkbund*. Diese Möbel sind zwar meist keine Einzelstücke, aber ihnen haftet der Ruch des Revolutionären an. Geplant waren sie als Massenprodukte für die Arbeiter, die Gropius-Reihenhäuser bewohnten. Jetzt nennt man sie Designerstücke. Ein einfacher Stuhl kann da schon mal mehrere tausend Mark kosten.

Die ganz Reichen interessiert die Sache mit den Möbeln nur am Rande. Sie beauftragen den Innenarchitekten ihres Vertrauens und fahren solange in die Südsee. Der Innenarchitekt kauft die Möbel nicht, sondern zeichnet sie, und dann werden sie von Möbelschreinern sorgfältig gearbeitet. Nur aus erlesenen Holzsorten natürlich.

Das Ivar-Regal kostet bei IKEA 90,– DM.
Designsofa Togo kostet bei ligne roset 6200,– DM.

NAMEN

Manche Menschen verbringen bis zu zwei Stunden in einer Paßfotokabine. Immer wieder finden sie Mängel am Foto. Sie ändern Haltung und Frisur, binden ihre Krawatte neu oder wechseln die Farbe des Hintergrundes. Sollten sie endlich mit dem Foto zufrieden sein, paßt ihr Gesicht wahrscheinlich nicht mehr zu ihrem Namen. Dieses Problem ist schwerwiegender als die Farbe der Krawatte.

Viele Namen tragen Hinweise auf Abstammung und Religion in sich und sorgten früher für tragische Zwischenfälle und Verwicklungen, aber auch für Verehrung und Furcht.

Ein Angestellter der Botschaft der DDR in Washington hieß Siemens. Er erzählte einmal, daß nicht sein Status als Diplomat, vielmehr sein Name und der Abglanz der alten deutschen Industriedynastie Siemens ihm in entscheidenden Situationen die Tür geöffnet habe. So profitierte er davon, daß ja der Durchschnittsamerikaner noch bis in die achtziger Jahre nur sehr vage über die politische Zweiteilung des einstigen Kriegsgegners Deutschland Bescheid wußte. The Krauts waren nun mal the Krauts, egal ob sie in Wuppertal wohnten oder in Wilhelm-Pieck-Stadt Guben.

Niemand habe sich seinen Namen selbst gewählt, wird landläufig behauptet. Das ist nicht ganz richtig, denn: Immer mehr Leute auch aus dem nichtprominenten Bereich entschließen sich, zumindest im Vornamenbereich, zur quasi nichtamtlichen Änderung. Da kommt die Kerstin aus Bebra zum Studieren an die Berliner Kunsthochschule und, einmal kurz geschluckt, stellt sich beim ersten Kommilitonen-Beschnuppern keß als die Nastassja vor – und wird beim folgenden Einführungsseminar auch prompt von Raffael, der eigentlich Mirko heißt, angebaggert. Natürlich werden dabei Namen gewählt, mit denen etwas Exotisch-Unirdisches, zumindest aber Fremdländisches assoziiert wird. Schon Ingeborg Bachmann äußerte sich einst zu jenem Flair, zu jener Schicksalhaftigkeit, die von unseren Namen ausgeht: »Es gibt nichts Mysteriöseres als das Leuchten von Namen und unser Hängen an solchen Namen, und nicht einmal die Unkenntnis der Werke verhindert das triumphierende Vorhandensein von Lulu und Undine, von Emma Bovary und Anna Karenina ... Diese Namen sind eingebrannt in erdachte Wesen und vertreten sie zugleich, sie sind dauerhaft und so mit diesen Wesen verbunden, daß, wenn wir sie ausborgen und Kinder so nennen, diese zeitlebens mit der Anspielung herumgehen oder wie in einem Kostüm: der Name bleibt stärker an die erschaffene Gestalt gebunden als an den Lebenden.« Genau.

Ein anderer Aspekt, fernab von jedem kosmetischen oder kulturgeschichtlichen Ehrgeiz, ist der der Namensänderung aus knallhart berufsbedingten Gründen. Robert Earl of Huntington kämpfte zum Beispiel als Robin Hood für das Recht des Königs Richard Löwenherz. Nur Eingeweihte wußten um seine wahre Identität. Daß er am Ende gar ein Adliger war, muß bitter für seine Widersacher gewesen sein.

Auch viele Stasispitzel sind uns nur unter ihren Decknamen bekannt, sie heißen »IM Geige« oder »IM Goethe«, je nachdem, in welcher Branche sie tätig waren. Und wer weiß schon, wie der Berliner Kaufhauserpresser Dagobert, der brasilianische Fußballer Pelé oder der Herzensbrecher Roy Black wirklich heißt bzw. hieß? Die meisten dieser Namen sind derart prägnant, daß sie in den Schlagzeilen nie durch bürgerliche Klarnamen ersetzt werden.

Dabei sind Pseudonyme bzw. Wunschnamen lange nicht mehr nur Sache der Künstler, Rächer und Spione. Sich einen Namen zu machen bedeutet mithin, ihn selbst herzustellen oder mit Bedacht zu wählen. Wir sind unser eigenes Produkt und unsere Namen dienen uns als Markennamen.

Wie in jedem Verkaufsgespräch kommt es darauf an, daß wir das Produkt, also uns selbst bzw. unser Kind, mit der Aura der Einzigartigkeit umgeben. Man sollte für werdende Mütter auch Kurse in »Wie nenne ich mein Kind?« anbieten.

Namen müssen nämlich vielen Ansprüchen genügen. Sie weisen im günstigsten Falle auf Bildung oder Besitz hin, sie wecken romantische Hoffnungen, versprühen den

Zauber des Extravaganten, sind einfach sexy, gemahnen an alte Kindheitsträume und müssen nicht zuletzt den Ansprüchen des globalen Marktes genügen.

Bis in die Siebziger hinein wurde in der damaligen Sowjetunion ein Auto produziert, welches man *Schiguli* nannte. Das war kein Problem, solange man nur in die anderen Staaten des Ostblocks exportieren wollte. Manch einer wartete sogar bis zu zehn Jahren auf solch ein Gefährt. Sollte der Wagen jedoch in Staaten der westlichen Hemisphäre exportiert werden, war der Name, wohl weil er an den Gigolo erinnerte, durchaus ein Hemmnis. Erst als man den *Schiguli* in *Lada* umgetauft hatte, konnte er ungehindert den eisernen Vorhang durchqueren.

Es gibt Firmen, die sich darauf spezialisiert haben, neue Namen zu entwickeln. Vor allem in der Autoindustrie besteht eine enorme Nachfrage nach Kunstnamen. Jeder weiß, daß ein *Megane* in der Garage steht und nicht in Brehms Tierleben, und doch erinnert das Wort an ein wendiges Reptil. Auch *Corolla* ist nicht die Bezeichnung für einen italienischen Opernstar. Einer der ersten professionell hergestellten Namen war übrigens der für das alkoholfreie Bier *Kelts*.

Seit dem Jahr zweitausend heißt der Popstar Prince wieder Prince. Bevor er Popstar wurde, führte er den bürgerlichen Namen Roger Nelson. Niemand hätte mit diesem Namen einen hitproduzierenden Sexmaniac assoziiert, einen, der von »Pussy-control« singt und per Medienkampagne »the most beautiful girl of the world« sucht. Eventuell hätte sich eine Single von Roger Nelson in der Country-Ecke eines Plattenladens im mittleren Westen der USA gefunden oder im Folkregal, aber nicht unter den Charts. Aus Roger Nelson wurde Prince, aus Prince wurde ein Popstar.

Der Popstar Prince lag nach größeren und sehr großen Erfolgen mit seiner Plattenfirma Warner Bros. Inc. im Clinch. Dieser Plattenfirma gehörten nicht nur die Rechte an den alten Hits, sondern auch die Rechte am Markennamen Prince. Roger Nelson wollte sich aber nicht in die Folk-Ecke schieben lassen, und der Künstler, der früher Prince hieß, trat fortan unter der Bezeichnung THE ARTIST FORMERLY KNOWN AS PRINCE auf. Die Fans nannten ihn weiter nur Prince oder einfach THE ARTIST. Das wußte auch die Plattenfirma, und im Jahre 2000 durfte Roger Nelson sich wieder Prince nennen. Was ihn der Rechtsstreit gekostet hat, wissen nur die Anwälte und die Götter. Elvis Presley hatte dagegen das Glück, daß sein Popname mit seinem Taufnamen identisch war. Das am Rechtsstreit gesparte Geld konnte er für Torten, Rauschgift und Scheidungen ausgeben. Jetzt, da sich Prince zu den Zeugen Jehovas bekennt, sollte er über eine neuerliche Änderung seines Namens nachdenken.

Ein hier schon angedeuteter Aspekt ist der des Zusammenhangs von Name und Beruf/Berufung. Man stelle sich zum Beispiel einen Versicherungsvertreter namens »Schaden« vor. Der Kunde würde sofort das Vertrauen verlieren und zu einer anderen Agentur wechseln. Zu Herrn Kaiser womöglich, von der Hamburg-Mannheimer. Paßt der Name von vornherein zum Status, kann man viel Geld sparen. Aber auch Gemeinden und Unternehmen tun gut daran, bei der Auswahl der Namen für ihre Straßen und Produkte sorgfältig vorzugehen. Im Falle der Veränderung der politischen Verhältnisse oder im Zuge der Globalisierung können sie so einem Prozeß der kostspieligen Umbenennungen entgehen. Der Volkswagen heißt nämlich noch immer Volkswagen, aber die Karl-Marx-Allee in Chemnitz (früher Karl-Marx-Stadt) heißt jetzt Brückenstraße, ein Name, der die nächsten Machtwechsel überdauern dürfte.

Es wird jedoch weiterhin dabei bleiben, Straßen, Plätze und manchmal ganze Stadtteile nach bedeutenden Persönlichkeiten zu benennen.

Traut man seinem Kind also eine wichtige Rolle in Staat oder Gesellschaft zu, sollte man das bedenken. Ihm einen wohlklingenden Namen zu geben, erhöht nicht nur die Chance, Karriere zu machen (bei dem Namen George Bush hat das schon zweimal geklappt), sondern trägt u. U. auch zur akustischen Verschönerung der Städte und Gemeinden bei.

Überdies leuchten vom Himmel die Sterne. Den Eingeweihten grinsen nicht nur Himmelskörper namens Saturn, Orion oder Widder an, sondern hin und wieder auch solche mit ganz bürgerlichen Namen. Denn als Entschädigung für das langwierige und nervenaufreibende Spähen in den Weltraum dürfen die Männer hinter den Radioteleskopen den Sternen, die sie entdeckt haben, Namen geben. So haben Angehörige und Freunde von Astronomen manchmal das Glück, daß ein Himmelskörper nach ihnen benannt wird. Einige der Forscher sind jedoch ledig und auch sonst ohne jede Verwandtschaft. Deshalb heißt der Asteroid 3848 Frank Zappa.

Kosten einer Namensänderung
Hat man beschlossen, sich in die Mühlen der Bürokratie

zu *begeben und eine Namensänderung zu beantragen,*
kostet das je nach Verwaltungsaufwand zwischen 5,– DM
und 2000,– DM. Geht man allerdings nur zum Standes-
amt, um sein Neugeborenes namentlich verzeichnen zu
lassen, sind 30,– DM vonnöten.

NOTEBOOK/ICE 1. Klasse

In den neunziger Jahren kamen die Laptops oder Notebooks in Mode. Ein eifriger Geschäftsmann mußte nun
die Zeit, die er in der Eisenbahn verbringt, nicht mehr
ungenutzt verstreichen lassen. Die Bundesbahn sah ihre
Chance. Mit etwas Glück und technischem Geschick
würde sie Geschäftsleute wieder auf die Schiene zurück-
bringen. Denn im Zug kann man tippen, im Auto nur
telefonieren.

Anfangs war die Arbeitszeit an den Notebooks, die ja
nicht am Stromnetz hingen, durch die Leistungsdauer
der Batterie beschränkt. Bald wurden aber in den Abtei-
len der ersten Klasse Stromquellen installiert, außerdem
wurde der Kaffee am Platz serviert. Da man aber nicht die
ganze Zeit schreiben kann, sondern auch mal reden muß,
richteten die findigen Reisezugplaner neben den Compu-
terarbeitsplätzen kleine Konferenzräume ein. Im Grunde
ist ein ICE nichts anderes als ein umgekipptes Bürohoch-
haus mit Frontantrieb, zumindest was die erste Klasse
betrifft. Und so ein Hochhaus betritt man, wenn man
kein Postbote ist, in feinem Zwirn und mit einer kleinen
Nappaledertasche. Und in dieser Nappaledertasche ist
ein Notebook.

Menschen mit mittleren oder nur geringen Einkommen tippen manchmal in den Wagen der zweiten Klasse wie wild auf ihren Tastaturen herum, immer in der Angst, die Batterie könnte bald leer sein. Das sind die Emporkömmlinge, die sich den Anschein dauernder Arbeit geben, in der Hoffnung, einem wichtigen Herren damit aufzufallen, wenn der sich gerade mal die Füße vertritt. Sagt dann ein Erste-Klasse-Fahrer zu dem aus der zweiten: »Ich kann in meiner Wirtschaftskanzlei noch einen Juniorpartner gebrauchen«, wird der Nachwuchsmann bescheiden aufblicken und sagen, daß er es sich überlegt. Ist der künftige Partner hinter der automatischen Schiebetür verschwunden, speichert der Zweite-Klasse-Fahrer hektisch die Telefonnummer des (hoffentlich!) künftigen Chefs ins Handy und kann vor Aufregung nicht mehr weiterarbeiten.

Die Fahrt in der 1. Klasse mit dem ICE von Hamburg nach Berlin kostet 444,– DM (Hin- und Rückfahrt). Der Reisende könnte während der Fahrt an einem IBM-Notebook »ThinkPad A21e« für 3921,– DM arbeiten.

PFERDE/PFERDERENNEN

Man ist schon etwas enttäuscht, wenn man heute die Rennbahnen im Leipziger Scheibenholz oder in Frankfurt Niederrad besucht und sich ein wenig an die Atmosphäre bei einem Spiel der 2. Fußball-Bundesliga erinnert fühlt. Irgendwie treibt sich mittlerweile jeder auf der Rennbahn rum und setzt geringe Beträge auf Pferde, die er nicht kennt. Die weißgekleideten Damen mit den großen Sonnenhüten fehlen.

Allein die englische Königsfamilie trifft sich bei Adel und aristokratischem Fummel noch jedes Jahr in Ascot, um die vierbeinigen Favoriten zu feiern.

Anfang zweitausendeins schwebte das Damoklesschwert über den Ladies und ihren Pferden. In Großbritannien war die Maul-und Klauenseuche ausgebrochen. Tiertransporte waren eigentlich verboten. Auf das Pferderennen wollten die Royals jedoch nicht verzichten. Also mußten Tiere, Jockeys und Besucher eine Desinfektionstortur über sich ergehen lassen, bevor sie auf die Rennbahn durften. Auch die hundertjährige Queen Mum schleppte sich trotz ihrer schlimmen Hüfte über einen Anti-Seuchen-Teppich.

Es hat sich gelohnt. Ihr Pferd *Bella Macarae* gewann das Hindernisrennen.

Preise für gute Rennpferde gehen in den sechsstelligen Bereich. Das normale Reitpferd, je nach Größe, Rasse, Gestüt, kostet zumindest einige Tausender. Die monatlichen Kosten für die Haltung betragen etwa 800,– DM.

REISEN

Sie sind leider von der Bildfläche verschwunden, die großen Pappkoffer. Sie standen an Bahnhöfen neben dem Gepäckträger und waren über und über mit Abziehbildern bedeckt. Die Abziehbilder zeigten Stadtansichten, trugen Hotelnamen oder hatten die Form des Eiffelturms.

Der Eiffelturm auf den Bildchen hatte ein Gesicht, und das Gesicht lächelte.

Die Koffer gehörten weltgewandten Reisenden, Kosmopoliten, wie sie sich selbst gern zu nennen pflegten. Sie würden das Reisen erst dann einstellen, wenn auf ihrem Koffer kein Fleckchen Pappe mehr frei wäre.

Diese unermüdlichen Kosmopoliten hatten jedoch ein Problem. Zum Reisen benutzten sie die Eisenbahn oder den Dampfer. Ganz Verwegene gingen sogar zu Fuß. Alles in allem kamen sie nur langsam voran. Nicht viel schneller als ihre Vorgänger, die reisenden Adligen, die die Postkutsche benutzten. Es dauerte einfach zu lange, bis ihre Koffer vollständig beklebt waren. Manchmal dauerte es länger als ein Menschenleben.

Heute ist Reisen zu einem Massenphänomen geworden, und wir benutzen das schnelle Flugzeug. Wer heute nicht geflogen ist, hat nicht gelebt, und niemand würde von sich behaupten, ein Kosmopolit zu sein, nur weil er vier oder fünf verschiedene Länder besucht hat. Die Flüge sind so billig geworden, daß mittellose Gymnasiasten nach der Abiturprüfung gelegentlich erst mal nach New York fliegen.

Als 1989 die Grenzen der DDR aufgingen, drängten die Menschen in den Westen. Nachdem sie vierzig Jahre immer wieder in den Harz mußten oder an die Ostsee, wollten sie endlich an südliche Strände. Sicher waren die einen oder anderen auch im sozialistischen Ausland gewesen, in Sotschi mit *Jugendtourist* (zentraler Jugendreiseveranstalter der DDR) oder mit dem Zelt in Bulgarien, doch das war alles nicht Mallorca. Und wie lange mußte man auf einen FDGB-Ferienplatz warten! Was in der DDR eine Frage der Beziehungen war, war nun, für das entsprechende Geld, in allen möglichen Varianten, als Abenteuer-, Bildungs-, Entspannungs-, Flirt- und Sonstwiereise zu bekommen. Und tatsächlich gilt, gerade unter Leuten mit ostdeutscher Sozialisation, der Vielgereiste als der Lebenskünstler und -genießer schlechthin; daß man während eines Griechenlandurlaubs (14 Tage Halbpension beim Alexis) oder auch im TUI-Feriendorf in der Dominikanischen Republik kaum mehr Abenteuer als im Freibad Berlin-Pankow erlebt, ist wohl den meisten gar nicht bewußt.

Denn die wirklich heiklen Situationen (abgesehen vom allgegenwärtigen Auto- oder Taschendiebstahl) passieren einem heutzutage nicht mehr einfach so – sie müssen inszeniert, d.h. bezahlt werden. Wer den Nervenkitzel sucht, begibt sich in eisige Höhen oder in die ödesten Wüsten. Extremtouristen riskieren noch etwas! Mehr als früher die Adligen in der Postkutsche, die lediglich hin und wieder ausgeraubt wurden. Manchmal sieht man die Extremtouris in den Zeitschriftenläden der Bahnhöfe stehen. Natürlich nur jene, die nicht in Talkshows herumhocken und von ihren Begegnungen mit schwarzen Mambas erzählen oder davon, wie sie Eingeborene kennengelernt haben, die aus dem Gift des Skorpions ein 1a Rauschmittel herstellen. Die unbekannten Extremtouristen warten also am Zeitungsstand auf Leute, die sich ein *Geo*-Spezial *Nepal* kaufen oder die Saharanummer. Wenn sie einen erwischen, z.B. einen mit dem Nepalheft, sprechen sie ihn an. Zuerst fragen sie nach der Uhrzeit. Dann zeigen sie auf das Heft und sagen: »Nepal, na ja, vier Achttausender hab ich im Sack, und die drei abgefrorenen Zehen waren es wert.« Der Kunde mit dem Nepalheft schaut etwas verstört. »Bitte?« fragt er. »Ich habe mir drei Zehen abgefroren in Nepal«, wiederholt der Extremtourist. »Wenn's weiter nichts ist«, sagt der Mann mit dem Nepalheft erleichtert und zeigt seine Schlangenbißnarben am Hals.

Manche dieser Leute machen ihr Hobby sogar zum Beruf und tingeln mit Diashows wie *Auf einem Einbaum den Orinoko hinab* oder *Ein Dresdner auf dem Kilimandscharo* durch die Kulturhäuser und Universitätshörsäle. Die Besucher sind gespannt und denken: Da will ich auch mal hin!

Extremtourismus hat eine lange Tradition. Nicht selten wollten die Reisenden dabei der Welt mehr beweisen als ihren Mut und ihren unerschütterlichen Glauben an sich selbst. Amundsen und Scott kämpften darum, wer zuerst den Südpol erreicht, und setzten damit Maßstäbe.

Thor Heyerdahl versuchte mit Booten aus Materialien wie Papyrus oder Balsa den Ozean zu überqueren. Er zeigte damit, daß der Mensch der Antike nach Amerika hätte reisen können, wenn er nur lebensmüde genug gewesen wäre. Die Welt war damals noch eine Scheibe, und man hatte Angst herunterzufallen.

Die Russen versuchten im Jahr 2000 ihre Raumstation *Mir* zu retten, indem sie schwerreichen Amerikanern einen Aufenthalt anboten. Die *Mir* mußte entweder repariert oder verschrottet werden. Viele Jungs haben schon davon geträumt, einmal Kosmonaut oder Astronaut zu sein. Nie zuvor war die Erfüllung eines solchen Traums so nah. Man braucht nur einige Millionen Dollar und ein ärztliches Attest. Zur Not findet sich sicher ein Mediziner, den man bestechen kann. Der Amerikaner Dennis

Tito war schon zum Vorbereitungstraining im Moskauer Sternenstädtchen, doch konnte er sein Vorhaben wegen des Absturzes der Raumstation im März 2001 nicht mehr verwirklichen. Als Ersatz durfte Tito schließlich Schulter an Schulter mit zwei russischen Kosmonauten zur Internationalen Raumstation (ISS) mitfliegen. Denn bezahlt hatte er schon. Auf die sich hier abzeichnenden neuen Möglichkeiten in der Tourismusbranche hofft ein internationales Reiseunternehmen. Dort kann man nämlich Mondflüge reservieren für den Fall, daß der Erdtrabant einmal touristisch erschlossen wird.

Und so stehen auf den Bahnhöfen heute keine bunten Pappkoffer mehr, und die Gepäckträger sind durch Kofferwagen ersetzt worden, die man gegen ein Pfandgeld von DM 1,– entleihen kann. Auf diesen Wagen stellen die Reisenden ihre *Samsonite*-Hartschalen oder Rucksäcke ab. Die Hartschalen haben zwar Räder, aber die rollen derart laut über die Steinplatten der Bahnhofsböden, daß man sehr gern zu den Kofferkulis mit ihren leisen Gummirädern wechselt. Die Gepäckträger, die die Deutsche Bahn seit kurzem wieder eingestellt hat, stehen meist untätig herum – wem ist dieser Service schon 5,– DM wert, wenn er diese auch in eine Currywurst investieren oder für den nächsten Mondflug sparen könnte?!

Das Reisebüro »Spaceadventure« präsentiert sich als Vermittler für Flüge zur Internationalen Raumstation ISS. Als Preis pro Flug werden 20 Millionen Dollar angegeben. Vorbereiten kann man sich im »Sternenstädtchen« bei Moskau. Eine Schleuderfahrt in der Zentrifuge kostet 4250,–DM, eine Simulation im Unterwassertank 8950,–DM.

SCHMUCK

Schmuck ist natürlich ein Statussymbol, wenn auch kein Musketier mehr für einen Diamanten aus dem Halsband der Königin sein Leben riskiert. Den teuersten Schmuck trägt man zumeist im Schatten der **Bodyguards**.

Exklusiver Schmuck (Ketten aus Südseezuchtperlen, diamantbesetzte Krawattennadeln) ist so teuer, daß er verboten gehört.

SCHREDDER/STASIAKTE

Wenn ein Fußballtrainer sich bei einem Punktspiel die Nase reibt, heißt das nicht unbedingt, daß er **Kokain** konsumiert hat. Wahrscheinlich hat er eine Verabredung mit dem Chef seiner Abwehr getroffen. Denn der, kaum hat er das Zeichen des Trainers gesehen, grätscht den gegnerischen Mittelstürmer um und zerkloppt ihm den linken Knöchel.
In der Pressekonferenz zeigt sich der Trainer zerknirscht. »Nein«, sagt er, »ich hab diese harte Gangart nicht angeordnet. Ich predige immer eine faire Spielweise. Die Rote Karte für meinen Abwehrchef geht in Ordnung.«
Der Mensch gibt manchmal Dinge von sich, die nicht für aller Ohren bestimmt sind. Deshalb werden sie nur ganz leise geflüstert oder wie bei Fußballtrainern und Brokern über ein geheimes System von Handzeichen weitergegeben. Manchmal läßt es sich aber nicht umgehen, solche Dinge auf einem Blatt Papier zu notieren.

Danach kommt das Papier in den Aktenvernichter, im Volksmund auch Reißwolf.

Jeder bekommt den Aktenvernichter, der ihm zusteht.

Da ist zunächst der kleine Schredder für den Hausgebrauch, einer, der das Papier in kleine Streifen schneidet, die sich nur mit Mühe wieder zusammenfügen lassen. Wenn früher in Papiermülltonnen Zeitungen und Packpapier zusammengeknüllt herumlagen, sieht man heute immer öfter die Streifen des kleinen Aktenfressers. Die Korrespondenz im Privaten muß daher enorm an Bedeutung gewonnen haben, oder die Familien sehen sich als Kleinstaaten, deren Geheimdiplomatie Nachbarschaftskriege verhindern hilft. Sieht der gewöhnliche, einfache Schredder-User abends das Papier durch die Scheren laufen und als Lametta in den Papierkorb sinken, ahnt er etwas von dem Gefühl, wirklich wichtig zu sein.

Wirklich wichtig ist man jedoch erst, wenn jede Stunde ein Mitarbeiter an die Bürotür klopft und die Akten übernimmt, die der Vernichtung anheimgegeben werden sollen. Dann ist man Hüter von Firmen- oder Staatsgeheimnissen. Die Akten werden auf einen Wagen geladen und in den Keller gefahren, wo sie erst zerschreddert und dann auch noch verbrannt werden. Die Asche, die übrigbleibt, wird mit Wasser zu einem schwarzen Brei verrührt. Man kann ja nie wissen, und die Kriminaltechnik entwickelt sich auch. Im Jahr 2001 ist es beispielsweise gelungen, antike Schriftrollen zu entziffern, die man nur pro forma aufbewahrt hatte. Das verkohlte und zerfressene Material wurde mit besonderen Strahlen durchleuchtet, bis die Texte von Aristoteles und anderen wieder lesbar wurden.

Selbst geheime Akten anzulegen und dann zu vernichten ist das eine, noch wichtiger ist man allerdings, wenn man selbst es ist, über den geheime Akten angelegt werden. Bei der Stasi galt man dann als Operativer Vorgang (OV). Und da die Aktenvernichtung in der DDR nicht ganz ernst genommen wurde, kann man sich seine Wichtigkeit und Gefährlichkeit heute sogar rückwirkend bescheinigen lassen.

So mancher hat von seiner eigenen Brisanz erst erfahren, als der Spuk längst vorbei war und er erfuhr, daß kiloweise Schnüffelpapiere über ihn angelegt worden waren. Andere DDR-Bürger dagegen haben sich schon immer für äußerst widerständig und aufmüpfig gehalten. Sie haben, sagen sie jetzt, mit ihrer Meinung nie hinterm Berg gehalten und seien schon immer für Demokratie gewesen. Ein Wunder, daß sie trotzdem bis kurz vor Ultimo stellvertretender Betriebsdirektor oder kulturpolitischer Mitarbeiter im Zentralrat der FDJ waren.

»Über mich«, sagt solch ein Widerständler, »müßten mindestens 400 Seiten existieren.« Zwar haben Kollegen und Verwandte von seinem Widerstand gegen Unrecht und Unterdrückung nur selten etwas bemerkt, aber er werde es ihnen schon beweisen. Es gibt ja die Gauck-Behörde.

Flugs ist Akteneinsicht beantragt.

Zu seiner Enttäuschung und zur Belustigung der Kollegen und Verwandten muß der Widerständler erfahren, daß die Stasi gar keine Akte von ihm angelegt hatte. »Sicher haben sie alles vernichtet, die kannten da nix«, sagt er erzürnt. Und die Kollegen und Verwandten lachen. Am Gipfel der Bedeutung ist man, wenn man jemanden hat, der vertrauliche Papiere in kleine Schnipsel zerreißt und dann aufißt. Die Mafiabosse haben dafür Männer trainiert, die beim Kauen noch pfeifen.

Die einfachen Schredder für den Hausgebrauch gibt es schon für ca. 100,– DM.

SCHREIBTISCHE

Das *Bauhaus* steht gemeinhin für eine Revolution in der modernen Architektur und im Design. Es nahm die Möglichkeiten industrieller Produktion auf und versuchte, angeführt von Walter Gropius, formschöne und funktionelle Möbel für die Serienproduktion zu entwerfen.

In der Architektur und der Einrichtung des Bauhaus-Gebäudes in Dessau schlägt sich das nieder.

Bei einem Möbelstück aber wurde das Prinzip der Serie nicht durchgehalten. Im Arbeitszimmer des Chefs steht ein Schreibtisch, der das Auge des Besuchers unwillkürlich gefangennimmt. Funktional und einfach wie alles im Bauhaus-Stil, verfügt dieser Schreibtisch dennoch über eine Aura, die ihn sofort als Unikat auszeichnet.

Gropius, der Chef, ließ dieses Stück für sich, und zwar nur für sich fertigen.

Ein Schreibtisch ist mehr als ein Schreibtisch; ist Thron und Schaltzentrale zugleich. Ein großer dunkler Schreibtisch in einem Büro, hinter dem ein Ledersessel steht, verleiht dem Chef dahinter sofort eine gewisse Bedeutung. An so einem Schreibtisch verschafft man sich

einen psychologischen Vorteil bei schwierigen Verhand-
lungen.

Besagter Schreibtisch von Walter Gropius ist ebenso
unbezahlbar wie der des legendären Verlegers Gustav
Kiepenheuer, der heute in der Berliner Firmenzentrale
des Gustav Kiepenheuer Verlags (bei dem vorliegendes
Buch erschienen ist) steht.

SONNENBRILLEN

Die mondäne Frau der fünfziger und sechziger Jahre
hatte ein kleines Cabriolet, in dem sie mit Kopftuch und
Sonnenbrille am Steuer saß. Stieg sie aus, schob sie die
Brille auf die Stirn. Im Café nahm sie sie ganz ab und
lutschte lasziv an den Bügeln. Ihre männlichen Begleiter
trugen eher schwere Modelle. Meist hatten sie die Brille
locker im Hemd stecken, aber so, daß man die goldenen
Schrauben sehen konnte.
So lebte die Upperclass in Nizza oder Monaco. Zur Côte
d'Azur gehörte die Sonnenbrille wie der Joint zu Amsterdam.
Nickelbrillen bedeuten Frieden, Sonnenbrillen nicht unbedingt. Es kommt darauf an, ob die Brillen zum besseren Sehen dienen oder dazu, die Augen hinter ihnen zu
verbergen.
Der chilenische Diktator Augusto Pinochet ließ sich
äußerst selten ohne stark getönte Gläser fotografieren.
Auch gehören schwarze Sonnenbrillen zur Grundaus-
stattung der Mafiosi.

Durch den Film *Bluesbrothers* erhielten Sonnenbrillen Kultstatus, so daß sie bald auch von unbescholtenen Bürgern getragen wurden. Das mußte die Mafiosi irritieren. Vielleicht kauften sie sich in verschiedene Sonnenbrillenfirmen ein. Das würde jedenfalls erklären, wie der Markt mit billigen bunten Plastikprodukten überschwemmt wurde.

Trendige Marken wie etwa »Prince« oder »Gucci« kosten so ab 300,– DM aufwärts. Darüber hinaus ist die Preisskala nach oben hin offen; Modelle für über 20 000,– DM sind in der high society keine Seltenheit.

SPIELZEUG

Viele Spielsachen sind den Statussymbolen der Erwachsenen nachgebildet. Bei den Kindern erfüllen sich die Träume der Eltern. Es ist nicht selten, daß der kleine Junge ein kleines Elektromobil fährt, welches ein detailgetreuer Nachbau eines Mercedes S-Klasse ist. Der traurige Vater hebt das Mini-Auto nach dem Spielen in den Fond seines Toyota Kombi, den er aus zweiter Hand gekauft hat. Ach, er führe so gern den Wagen seines Sohnes, doch dafür reicht sein Einkommen nicht.

Kinder von Vätern, die solche Wagen selbst fahren, haben natürlich meist schon als Baby einen eigenen Sportwagen samt Fahrer geschenkt bekommen. So etwa der Sohn von David und Viktoria Beckham (Posh Spice), dem solch ein Schlitten zum ersten Geburtstag im Beisein von mehreren hundert Partygästen übergeben wurde. Ob das schreiende Wickelkind sich freute, ist nicht überliefert.

Der Fahrer des Wagens konnte sich aber über einen neuen Job freuen und wird zum sechzehnten Geburtstag des Beckhamsprosses sicher in den Ruhestand geschickt. Dann macht der nämlich seinen Führerschein.

Gutes Spielzeug ist teuer. Für ein Elektroauto »Gaucho Grande von Peg Perego« (Zweisitzer, 4 km/h Spitzenge-schwindigkeit; eine Mischung aus Kübelwagen und Old-timer) zahlt man ca. 900,– DM, fürs Ladegerät 40,– DM. Bei den Mädchen ist es etwas billiger. Der Barbie-Pferdeanhänger plus Cabrio kostet schlappe 100,– DM, die Gute-Nacht-Barbie gibt es für 60,– DM.

SPRACHEN

Im Zuge der Globalisierung werden auch Sprachbarrie-ren überwunden. Das treibt so manchem Nostalgiker die Tränen in die Augen, da sein geliebtes Deutsch mehr und mehr von Anglizismen durchsetzt wird. Bald wird er aus Protest gegen solche Verunreinigungen nur noch mit Germanisten kommunizieren, denen die Lexik des Grimmschen Wörterbuches das Nonplusultra ist. So what.

Ohne profunde Englischkenntnisse wird man vor allem im Bereich der Wirtschaft kaum vorankommen. Zu Bera-tungen und Vertragsverhandlungen werden Dolmetscher zwar hinzugezogen, das jedoch eher, um Mißverständnisse zu verhindern. Das Wiederholen jedes Satzes in einer anderen Sprache würde so manchen Deal versauen, zumal andere, die sich auf Englisch als Kommunikationssprache geeinigt haben, schneller sind.

Früher legte man die Ohren an, wenn man mitbekam, daß jemand mehr als zwei Sprachen kannte. Man hörte ihn mit Vertretern einer ausländischen Delegation in einer wohl nur aus Kehllauten bestehenden Sprache schwatzen. Der Mann, der der fremden Sprache folgen konnte, als wäre es seine eigene, mußte Universitätsprofessor sein, oder er hatte zumindest Sprachen studiert. Die meisten Leute sprachen damals nur englisch, und auch nur so viel, wie sie sich aus der Popmusik herausgefiltert hatten. Manche hatten noch ein paar Brocken der Sprache des Nachbarvolkes drauf, wenn sie in Grenznähe wohnten. Und im Osten war Russisch Pflichtfach in der Schule. Das führte allerdings nicht zwangsläufig dazu, daß große Teile der Bevölkerung Russisch sprechen konnten. Im Grunde beherrschten nur Funktionäre, Russophile und die Streber, die ohnehin alles gründlich lernten, die Sprache, die man im Vaterland der Revolution benutzte.

Mit dem Trend, sich ausländischen Gaumenfreuden hinzugeben, und mit den abnehmenden Preisen für Flüge änderte sich das. In Spezialitätenrestaurants wurden neben Kaviar nun auch Borschtsch und Pelmeni serviert.

Es galt eine Zeitlang geradezu als Pflicht, in Restaurants die Gerichte akzentfrei in der jeweiligen Landessprache zu bestellen. Manche weniger Sprachbegabte gingen im Ausland daraufhin gar nicht mehr zum Essen und versorgten sich in Supermärkten, in denen man die Lebensmittel wortlos aus dem Regal nehmen konnte. Außerdem war an der Registrierkasse sofort zu erkennen, was der Spaß kostete.

Am auffälligsten benahmen sich einige Japaner, die dabei beobachtet wurden, wie sie den Weg nach Neuschwanstein auf eine für japanische Touristen unübliche Art und Weise gingen. Sie blickten nicht durch Videokameras und blieben nicht nach jeweils fünf Metern stehen, um zu filmen oder zu fotografieren, sondern starrten in etwa handtellergroße Taschenspiegel. Dabei sprachen sie in einem fort das Wort Sauerkraut aus. Sie betonten jede einzelne Silbe und legten besonderen Wert auf das *R* und das *T* in Kraut.

Heute füllen sich die Restaurants wieder. Und man sagt entweder Nudeln, Nudeln mit Soße, oder aber *spaghetti al vongole* – je nachdem, wie mächtig man des Italienischen ist. Gute bzw. schlechte Fremdsprachenkenntnisse sind kein Grund mehr, besonders stolz oder unsicher zu sein, am Ende macht man aus der Not eine Tugend und erklärt seine »Einsprachigkeit« mit den Ängsten vor der Globalisierung.

Trotzdem haben Fremdsprachen nichts von ihrem Reiz eingebüßt. Englisch steht natürlich an erster Stelle. Aber auch andere Sprachen erfahren regen Zuspruch. Die Persisch- und Arabischkurse sind voll, was angesichts der antiarabischen Stimmung verwunderlich ist.

Obwohl man wieder von Nudeln spricht, gibt man also bei Bewerbungsgesprächen Italienisch als zweite Fremdsprache an oder eine andere Sprache, die man als Tourist schon mal gehört hat. Ostdeutsche über dreißig behaupten natürlich alle Russisch zu sprechen.

Wer in der Schule nicht aufgepaßt hat oder an der Uni vergaß, sich mit Fremdsprachen zu beschäftigen, besucht die **Volkshochschule.**

Sprachkurse gibt es in den verschiedensten Formen und Preisklassen. Neben Volkshochschulen bieten zahlreiche private Einrichtungen Sprachunterricht bzw. Sprachreisen an. Am günstigsten, weil leistungsorientiert und kostenlos, ist natürlich das Fremdsprachenstudium an der Uni. Die Axel Andersson Akademie bietet Fernunterricht (Bereitstellung von Büchern und Kassetten) z.B. in Isländisch, Malaysisch oder Hindi für 11 712,– DM Gesamtstudiengebühr an.

STEREOANLAGEN

Jeden Samstag versammelt sich eine Gruppe älterer Leute abends gegen neun in einer stillgelegten Frankfurter Lagerhalle. Sie haben ihre Limousinen zwei Häuserblocks weiter geparkt. Die Männer ziehen, wenn sie zur Lagerhalle laufen, ihre Hüte tief in die Stirn. Die Frauen verdecken ihre Gesichter mit edlen Chiffontüchern.
Am Eingang zur Lagerhalle wacht ein Türsteher und kontrolliert die Mitgliedskarten der Eintretenden. Er trägt einen Smoking. Auch die Männer gehen im Smoking durch den Raum, nachdem sie die Mäntel einem der zwei Butler übergeben haben, die hinter der Tür warten. Die Damen tragen rückenfreie dunkle Abendkleider, die über den peinlich sauberen Betonboden schleifen. Ein Herr klatscht in die Hände und lauscht dem Echo. »Welche

Akustik!« flüstert er überwältigt. Darauf lassen die Damen sich auf den Sofas nieder, die in der Lagerhalle aufgestellt sind, und die Herren treten seitlich an sie heran. Die Damen spüren kaum, wie die Fingerspitzen der Herren sanft ihre Schultern berühren, wenn sie sich setzen.

Da nun alle sitzen, ist im Schein eines Zirkusscheinwerfers eine große Stereoanlage erkennbar. Die ersten Takte aus Verdis *La Traviata* erklingen aus den Lautsprechern eines Surroundsystems. Die Anlage hat 120 000,– DM gekostet. Wer die *Traviata* einmal so gehört hat, fährt nie wieder nach Verona.

Bang und Olufsen, Harman und Kardoon, Marantz, Bose, Kenwood etc. Die Gebetsmühle der HiFi-Fans geht natürlich noch weiter – was aber merkwürdigerweise immer seltener vorkommt, ist *Sony.* Stereoanlagen sind nicht einfach Stereoanlagen.

Wenn man sie nur benutzt, um die Hits zu spielen, die einem das Radio ohnehin tagtäglich um die Ohren heult, kann man den Zauber, der von diesen technischen Geräten ausgeht, kaum verstehen. Doch Musikanlagen sind Religion. Man erinnere sich nur an die Jahre der Pubertät, als man an der Ecke stand und in den Siebzigern noch die Kofferheule, später den batteriebetriebenen Kassettenrecorder aufdrehte und so gegen die kleinkarierte Welt der Erwachsenen aufbegehrte.

Gemeinhin nimmt man an, daß eine bessere moderne Stereoanlage ca. 2000,– DM kostet. Das ist weit gefehlt. Der Eingeweihte weiß, daß dafür nicht einmal ein Verstärker zu haben ist, mit dem man sich echten Hörgenuß verschaffen kann. Das Ziel jedes wahren Hörers besteht darin, das Wohnzimmer in einen klanglichen Erlebnisraum zu verwandeln, der das Liveerlebnis der Musik weit hinter sich läßt. Es gilt, musikalische Feinheiten zu erkennen, die selbst einem eingefleischten Konzertbesucher verborgen bleiben.

Und man will die Frauen begeistern, will sie in die Wohnung locken und bei beschwingter Musik verführen. Dazu braucht ein Punk natürlich nur einen Ghettoblaster. Bevorzugt man hingegen die edlen Frauen, reicht auch eine Kenwood-Anlage für zweitausend Mark kaum aus.

Wirklich Geld ausgeben kann man zum Beispiel für Anlagen der Marke »Bose«: Das BOSE LIFESTYLE 50 DIGITAL AUDIO HOME ENTERTAINMENT SYSTEM (bestehend aus Bose Personal Music Center, Bose Lifestyle 40/50 CD-Wechsler, Bose Multi-Room-Interface und Bose Acoustimass 30 Digital Powered Speaker System mit eingebauten Verstärkern, Dolby Digital 5.1 sowie Bose Videostage 5 Decodern in Verbindung mit integriertem, patentiertem Bose Signal Processing) kostet 15 300,– DM.

SUSHI

Noch vor zwei Jahrzehnten hätte niemand geglaubt, daß es einmal zum guten Ton gehören würde, bei wichtigen gesellschaftlichen oder geschäftlichen Anlässen rohen Fisch zu verspeisen. Bestimmte Nahrungsmittel ungekocht zu sich zu nehmen, hielt man in den stilbewußten Achtzigern eher für einen Akt der Barbarei. Tatar mit rohem Ei oder Hackepeter gingen gerade noch als liebenswerte Relikte der Küche der fünfziger Jahre durch, aber schon der Abteilungsleiter der Bank, der sein Steak blutig vom Teller weg verschlang, galt als Unhold, dem man erst einmal die Grundlagen der modernen Ernährung beibringen mußte, bevor man ihm Millionengeschäfte anvertraute. An rohen Fisch dachte man gleich gar nicht, als in der ehemaligen BRD Werbeagenturen, Unternehmensberatungen und die ersten Computerfirmen zu gedeihen begannen, und die Gepflogenheit des »Geschäftsessens« selbst zu einer Art Statussymbol wurde. Diese mit viel Tamtam zelebrierten Restaurantbesuche von Bankern, Werbern und anderen jungen Karrieristen wurden beim Edel-Italiener abgehalten, wo Rinder-Carpaccio das einzige war, das roh gegessen werden durfte, oder man traf sich zum »Power-Lunch« an irgendeinem Salatbuffet. Dasselbe galt für Hochzeiten, Jubiläen, Filmpreisverleihungen. Es mußte schon der gut abgehangene Parmaschinken auf den Schnittchen sein.

Doch später, Mitte der Neunziger, hat irgendwo in Deutschland ein Banker oder Werber oder Filmproduzent eine Sushi-Bar entdeckt, vielleicht war es damals die einzige, noch vollkommen unbekannte des Landes. Vielleicht war es ein Werber mit einem feinnervigen Geschmack, dem die ästhetische Anordnung der seltsamen Röllchen auf seinem Teller gefiel. Ihm gefiel auch das Design der Sushi-Bar, und als er in eines der Röllchen biß und dieses gar nicht so schlecht mundete, griff er zum Handy und rief seine Geschäftsfreunde aus der Bank und vom Film an.

»Treffen wir uns heute abend zur Abwechslung mal nicht beim Italiener«, sagte er. Bereits bei der nächsten Filmpreisverleihung gab es ein großes Buffet mit den unterschiedlichsten Sushi-Kreationen, und als in den Gazetten und Illustrierten des Landes Fotos von Jungschauspielerinnen und Regisseuren des deutschen Films präsentiert wurden, wie sie ihre Röllchen und Stückchen zum Mund führten, da begann die Erfolgsgeschichte des rohen Fisches auch in Deutschland. Der Sushi-Kult war geboren.

In Japan kann man angesichts dieser historischen Entwicklung nur lächeln. Dieses Nationalgericht gibt es dort nämlich schon seit über tausend Jahren. Entstanden ist es aus einer Methode zur Konservierung von Fisch. Der rohe Fisch wurde zwischen Schichten aus fermentiertem Reis gelegt und das Ganze mit einem Stein beschwert. Der Fisch fermentierte ebenfalls und verdarb dadurch nicht, und drei Wochen später konnte man ihn verzehren, wobei der Reis allerdings weggeworfen wurde. Sein kulinarischer Wert litt wohl während der Wartezeit. Gegen Ende des 18. Jahrhunderts muß es allerdings einen Sushi-Bereiter gegeben haben, der vom Naschen nicht lassen konnte und sich, als er an einem Blech mit zum Fermentieren vorbereiteten Stückchen vorbeikam, frech eines in den Mund schob. Der Geschmack muß ihn überzeugt haben. Fortan jedenfalls ließ man das Fermentieren und das dreiwöchige Beschweren mit dem Stein sein und aß die leckeren Stückchen gleich, nachdem man sie geformt hatte. Es gibt übrigens drei Grundarten des Sushi: die originalen, in Holzformen gepreßten Stücke, die handgerollten Sushi, die man mit einem dekorativen Stück Fisch oder einer Krabbe belegt, und schließlich die in Seetang gewickelten Röllchen.

In Deutschland sind der Banker, der Werber und der

Filmproduzent inzwischen längst nicht mehr die einzigen, die in der Sushi-Bar beieinandersitzen.

Die Röllchen aus Reis und rohem Fisch haben das Geheimtip-Stadium längst verlassen und sind in unser allgemeines kulinarisches Kulturgut übergegangen. Die Sushi-Welle rollt. Es gibt sogar Sushi-Clubs, in denen Rezepte ausgetauscht werden und wo man gemeinsam rollt, preßt und dekoriert.

Noch mal zurück zu den Japanern. Die mögen sich angesichts unserer Begeisterung für ihr Nationalgericht zwar geehrt fühlen, kurios finden sie das Ganze aber wohl auch. Ist doch Sushi in Japan eine ganz alltägliche Speise, und von einem Besuch in der Sushi-Bar als Ausdruck kulturellen Geschmacks würde man hier keinesfalls sprechen. Es gibt allerdings ein Fischgericht, das auf japanischen Tischen sehr wohl eine Delikatesse darstellt, und das hat nun doch wieder etwas mit Sushi zu tun: Der Verzehr des sehr schmackhaften, bei falscher Zubereitung jedoch hochgiftigen Kugelfisches (Fugu) gilt als ästhetischer, eleganter Vorgang, der eben wegen seines hohen Preises den Begüterten und Mächtigen im Land vorbehalten ist. Fugu, zu Sushi oder auch als Suppe verarbeitet, ist sozusagen der Beluga-Kaviar der Japaner, nur ist sein Verzehr ungleich gefährlicher. In seinen Eingeweiden befindet sich ein Gift, das Tetrodoxin, das dem Curare ähnlich ist. Aufgrund seiner molekularen Struktur, die sich in der Chemie mit nichts Bekanntem vergleichen läßt, gibt es kein Gegenmittel. Der Tod tritt durch Atemlähmung ein, und zwar innerhalb weniger Minuten. Allerdings nur, wenn man als Fugu-Esser Pech hatte und an einen schlecht ausgebildeten Koch geriet. Fugu darf nur von speziell ausgebildeten Köchen angerichtet werden, die sich einer langwierigen Zusatzlehre unterzogen haben.

Man sollte kaum glauben, daß irgend jemand überhaupt freiwillig ein Fugu-Gericht essen möchte. Tatsache ist jedoch, daß der Verbrauch dieses Fisches in Japan (und übrigens auch die Rate der durch Fugu ums Leben Gekommenen) Jahr um Jahr kontinuierlich steigt. Von der Liebe zum Killerfisch zeugt auch ein japanisches Sprichwort:

»Wer Fugu-Suppe ißt, ist schön dumm. Aber wer keine Fugu-Suppe ißt, ist genauso dumm.«

Nur einen kleinen Personenkreis gibt es in Japan, dem der Genuß des Kugelfisches auf immer verwehrt bleiben wird: Dem japanischen Tenno und seiner Familie darf niemals ein Fugu-Gericht serviert werden. Aber weiß man's? Vielleicht naschen sie im Palast ja heimlich davon.

Sushi gibt es so ab 8,– DM im Restaurant und auch per Bringdienst.

TASCHEN

Männer sind nicht gerade eitel, wenn es um ihre Taschen geht. Aber Ende der sechziger Jahre schälte sich eine eigenartige Gruppe aus dem Einerlei der Segeltuchtaschen- und Kofferträger. Sie trugen Koteletten, ein modisches Überbleibsel aus den Fünfzigern, und über dezent farbigen Hemden Knautschlederjacken. Was aber das Interessanteste an ihnen war: diese Gelenktaschen!

Das waren kleine rechteckige Taschen mit einem Reißverschluß oder einer Lasche mit Knopf. An der Ecke, wo
der Reißverschluß endete, war eine kleine Schlaufe an-
gebracht, durch die man die Hand stecken konnte. Diese
Taschen waren Männertaschen und boten nur Raum für
kleinere Dokumente wie Fahrzeugpapiere, Führerschein
und Personalausweis. Vielleicht steckte in der einen oder
anderen auch ein Kamm, ein Taschenspiegel oder eine
Tüte Pfeffferminzbonbons.

Der Träger einer Gelenktasche muß sich sehr wichtig
genommen haben. Warum sonst trug er sie derart zur
Schau, warum sonst steckte er seine Papiere nicht in die
Innentaschen seines Anzugs und den Kamm in die Gesäßtasche der Hose?! Nein, er mußte die Gelenktasche
benutzen, um zu sagen: Seht her! Ich trage etwas bei mir,
und auch wenn es klein ist, ist es von Bedeutung!

War die Ära der Handgelenktasche eher eine Fußnote innerhalb der Kulturgeschichte der Tasche, so bleibt wohl
die Aktentasche auf ewig und nachhaltig mit dem sozialen Typus des Industriearbeiters in Erinnerung. Heerscharen von Arbeitern sieht man morgens in Straßen-
bahnen sitzen, die abgewetzte Aktentasche mit Stullen-
dose und Thermoskanne zwischen den Füßen. Und der
Arbeitslose, der seiner Frau nicht sagen wollte, daß er
seinen Job verloren hatte, nahm wie jeden Morgen seine
Aktentasche, küßte die Kinder und ging dann zur Tür
hinaus, ganz so, als ginge er zur Arbeit.

Und von der proletarischen Aktentasche war es wiederum nur ein kleiner Schritt zum Aktenkoffer, mit
dem flippige Jungen in den späten Siebzigern sogar zur
Schule gingen. In Filmen hatten sie gesehen, wie Geld-

übergaben abgewickelt wurden. Zuerst wurde die Handschelle gelöst, die das Handgelenk des Überbringers mit dem Koffergriff verband. Mit einem kleinen Schlüssel wurde der Aktenkoffer geöffnet. Nur ein kleines Stück, so daß man gerade hineinschauen konnte. Man sah aneinandergereihte Bündel von kleinen gebrauchten Scheinen. Der Empfänger schaute sich die Sache an, nuschelte etwas von Vertrauen und später nachzählen und ging meist grußlos. Nach ein paar Metern prüfte er, ob er verfolgt wurde.

In solche Aktenkoffer konnte man, à la James Bond, auch kleine Tonbandgeräte und Kameras einbauen.

An all das mögen die Jungen wohl gedacht haben, als sie mit Aktenkoffer in die Schule kamen. Sie legten ihn auf die Bank und ließen, nachdem sie einen Zahlencode eingegeben hatten, die Schlösser aufspringen. Sie blickten sich stolz um, bevor sie Taschenrechner und Mathebuch herausnahmen. Die roten oder gelben Plastikbrotdosen blieben verborgen.

In der DDR gab es noch eine ganz besondere Sorte von Tasche: Der Hirschbeutel. Dieser Beutel war aus dünnem Wandteppichstoff genäht, der dann natürlich bald zur Mangelware wurde. Auf der Vorderseite trug der Beutel das Motiv eines röhrenden Hirsches. Dieser Sack in Verbindung mit Felskletterschuhen (»Tramper«) aus Wildleder und einem Fleischerhemd machte aus manch einem Jungen einen ordentlichen DDR-Hippie, angesehen und zugleich politisch verdächtig. Diese Hippies hörten Blues und Neil Young und sind auch nach der Wende nicht restlos ausgestorben. Nur älter geworden sind sie.

Mit der Fitneßwelle kam schließlich der Rucksack. Zuerst hieß er Stadtrucksack und wurde von amerikanischen Collegestudenten getragen. Der Rucksack überwand die Campusgrenzen und den Ozean. In den neunziger Jahren hatte er sich endgültig durchgesetzt. Rucksäcke in allen Farben überschwemmten den Markt und wurden mit Accessoires bestückt. Wo früher, in der Punk-Ära, *HASS* draufstand, tickt eine große Uhr aus buntem Plastik oder blicken die Kulleraugen eines Teddys. Jede Modefirma, die etwas auf sich hält, wirft ihre Rucksackmodelle auf den Markt.

Nur seriöse Geschäftsleute tragen noch immer Aktenkoffer, auch wenn das Leder manchmal leuchtendem Aluminium gewichen ist, wobei in der anderen Hand ein in Nappa verpacktes Notebook mitgeführt wird.

Eine sehr dünne Frau, die eine viel zu große Sporttasche bei sich trägt und beim Gehen die Fußspitzen extrem ausstellt, ist so gut wie sicher eine Ballettänzerin.

Die bei den Jüngeren angesagten Rucksäcke von »Eastpak« oder »Jack Wolfskin« kosten je nach Größe zwischen 100,– DM und 500,– DM. Elegante Lederreisetaschen von »Bree«, »Chanel« oder auch »Kenzo« kosten nicht selten mehr als einen Tausender.

TATTOOS

Natürlich war Memphis nur sein Spitzname. Memphis war Mitglied einer wilden Motorradgang im Norden Kaliforniens.

Die Gang hieß *Freedom Riders*, und ihr Zeichen waren brennende Ketten, über denen ein Adler kreiste. Die Flammen schienen die Flügel zu versengen, doch der Adler widerstand. Die *Riders* legten es nicht darauf an, gegen andere Cliquen zu kämpfen, doch sie gingen auch keiner Auseinandersetzung aus dem Weg. Wenn sie im Pulk zum Schlachtfeld fuhren, ritt Memphis auf seiner *Harley Davidson* voran. Die Gruppe fuhr etwa zehn Meter hinter ihm. Memphis war nicht nur der Anführer der Gang, er war auch ihre stärkste Waffe. Meist reichte es, wenn er vor dem Feind zum Stehen kam und langsam seine Lederjacke öffnete. Die gegnerischen Rocker schauten auf die entblößte Brust und rissen ihre Feuerstühle um 180 Grad herum.

Die Macht, die von Memphis' Brusttattoo ausging, hatte sich im gesamten Westen der USA herumgesprochen, und trotzdem wollte niemand recht daran glauben. Bis zu seinem Tod (er starb am 16. August 1967 bei einem Motorradunfall in Idaho) erhielt Memphis noch oft die Gelegenheit, seine Brust zu zeigen und damit Kämpfe zu vermeiden. Er wurde mit Jacke und Helm in den Sarg gelegt. Eine prächtige Beerdigung. Danach zerfielen die *Freedom Riders*. Einige ehemalige Mitglieder traten den *Hells Angels* bei und wurden später aufgrund von Drogendelikten zu langen Haftstrafen verurteilt. Die anderen verloren sich in ein bürgerliches Leben und zeigten hin und wieder am Unabhängigkeitstag ihre Tätowierungen auf Schulter und Unterarmen.

Wenn man angesichts eines Tätowierten bis zur Mitte der Fünfziger noch gut und gerne davon ausgehen konnte, daß man es mit einem Seemann in Zivil oder einem

Knacki zu tun hatte, so gehören Tattoos inzwischen längst zur Jugendkultur. In den Fünfzigern nahmen Jugendbanden die polynesische Sitte auf, sich mit tätowierten Ornamenten als Angehörige eines bestimmten Stammes auszuweisen. Mehr oder minder begabte Mitglieder der Banden entwarfen ein Symbol, welches auch den anderen Bandenangehörigen gestochen wurde. Da das Tätowieren schmerzhaft und blutig war, konnte man mit schrecklich großen Tattoos zudem enorme Härte beweisen. Später wurden dann solche Ornamente mit Spraydosen auf Hauswände gesprüht, gleichsam um die Reviere abzustecken.

Nach und nach wurde die Sache professionalisiert, und in New York, Amsterdam, London, Paris und bald auch in Deutschland schossen die Tattoostudios wie Pilze aus dem Boden. Spätestens seit sich die *Spice Girls* zu ihren Tattoos bekannt haben, nerven viele Teenager ihre Eltern so lange, bis diese ihr Kind ins Studio begleiten. Dort läßt es sich das Antlitz des Lieblingssängers in die rechte Wade stechen wie der Handballer Stefan Kretzschmar das von Franziska van Almsick. Die Eltern denken dabei an ihre Kindheit, als so etwas noch verrucht war und in Kaugummiverpackungen Tätowierbilder lagen, die man mit Wasser auf die Haut brachte und später wieder abwaschen konnte. Meist verrutschten die ja, und Snoopy lächelte unscharf vom Handrücken.

Wie alles Schmerzhafte und Blutige besitzt auch das Tätowieren eine religiöse Aura. Da gibt es zum Beispiel zwei Schwalben; die eine fliegt nach oben, die andere fliegt nach unten. Dieses Motiv soll die Einheit von Freude und Schmerz, die Gegensätzlichkeit des Lebendigen symbolisieren und ist in jedem Studio Standard.

Über die Inhalte der polynesischen Symbolik ist nichts bekannt, zumindest nicht außerhalb ethnologischer Fachkreise. Es könnte also sein, daß eine Menge Leute ein Zeichen auf dem Oberarm trägt, das sie bei den Polynesiern zu Idioten stempelt.

Hat man erst einmal angefangen, mit Tattoos seinen Körper zu verschönen, gibt es kein Halten mehr. In den Studios stößt man zur Szene und trifft sich mit anderen Tätowierten auf sogenannten Conventions. Dort diskutiert man die Vorteile von Tätowierungen gegenüber dem Piercing oder Branding, tauscht neue Motive aus und zeigt, wie weit man schon gekommen ist bei der Körperbemalung. Die Helden der Szene haben kaum noch Platz auf ihrer Haut. Sogar die Haare haben sie abrasiert und sich auf der Kopfhaut neuen Platz für Tattoos geschaffen. Ihre Welt wird eingeteilt in Tätowierte und Nicht-Tätowierte. Sie werden zu *Vera am Mittag* oder in eine andere Talkshow eingeladen und sprechen über die Intoleranz der Gesellschaft, und daß man so schön sei, wie man sich selber sehe.

Manchmal kann man am Inhalt der Tätowierung auch heute auf den Beruf des Tätowierten schließen. Unbeirrbare Seeleute lassen sich noch immer Anker, Kreuz und Herz stechen. Das steht für Glaube, Hoffnung, Liebe.

Die Preise variieren je nach Größe und Farbigkeit. Einfache Sprüche wie: »Heike for ever« oder »Hansa Rostock – nie mehr 2. Liga« sind für ca. 250,– DM zu bekommen. Leute, die von der Nasen- bis zur Fußspitze zuornamentiert sind, arbeiten entweder selbst als Tätowierer oder haben mehrere tausend Mark investiert.

TENNIS

In den Tennisclubs war weiße Kleidung Gesetz. Erst Mary Pearce brach das Dogma mit gewagten Kreationen. Die Söhne und Töchter der Apothekerinnen und Apotheker trafen sich in Tennisclubs, aber auch der Nachwuchs der Millionäre sowie Politiker. In Tennisclubs konnte man noch unbeschwert seine soziale Exklusivität genießen. Das trockene »Plopp« war der Sound, zu dem chice junge Mädchen chice Arztsöhne kennenlernten. Das Proletariat drängte sich an den Maschendrahtzäunen und durfte ab und an einen Ball zurückwerfen, der über das Ziel geflogen war.

Das änderte sich mit einem Leimener und einer Brühlerin. Boris und Steffi betraten die Szenerie, gewannen in Wimbledon und lösten in Deutschland einen Tennisboom aus.

Eltern aus der Arbeiterklasse und der unteren Mittelschicht, die bisher immer behauptet hatten, Tennis sei zu teuer, rochen die Aufstiegschancen für ihre Kinder. Sie kratzten ihre Ersparnisse zusammen und meldeten ihre Sprößlinge in den exklusivsten Tennisclubs an. Tennis wurde zum Massensport. Die Apotheker und Millionäre sahen das mit einem lachenden und einem weinenden Auge.

Jahresbeitrag bzw. Aufnahmegebühr für Tennisclubs sind von Stadt zu Stadt unterschiedlich, Summen um die 500,– DM sollte man aber einplanen. Solide Tennisschläger, z. B. der Marke Fischer, kosten zwischen 500,– DM und 1000,– DM.

T-SHIRTS

Der Beruf eines Königs muß seinerzeit ein körperlich an-
strengender Beruf gewesen sein. In den Audienzen saß
der Regent im schweren Hermelinmantel herum, hielt
in den Händen Reichsapfel und Zepter und hörte sich
die Probleme seiner Untertanen an. Wenn ihm die Arme
lahm wurden, trat ein Page von hinten an ihn heran, um
ihn zu stützen. Einige Könige regierten auf körperliche
Nähe allergisch. Zum Schweiß unter dem Mantel gesellte
sich ein lästig juckender Ausschlag, und wieder mußte
ein anderer Page von hinten an den König herantreten,
um ihn unauffällig zu kratzen. Heutzutage hätte es die
Hoheit leichter. Sie könnte sich die herrschaftlichen
Symbole auf ein T-Shirt drucken lassen und in entspann-
ter lässiger Haltung die Bittsteller empfangen, um Recht
zu sprechen. Natürlich müßte das T-Shirt Teil einer
limited edition sein, und der König müßte sich die
alleinigen Rechte am Vertrieb sichern.
Seit bedruckte T-Shirts in Mode gekommen sind, signa-
lisiert man mit ihnen Gruppenzugehörigkeiten. Das funk-
tioniert zuallererst über Markennamen. Ein Trikot ist
dazu da, die eigenen Spieler von denen der gegnerischen
Mannschaft zu unterscheiden. Als Träger eines bestimmten T-Shirts wird man Teil einer Familie, einer Commu-
nity oder einer politischen Gruppierung.
Die Aufdrucke wurden mit der Zeit immer größer. Während anfangs noch über der rechten Brust dezent das
Krokodil von *Lacoste* oder das Obst von *Fruit of the
Loom* schimmerte und das Shirt sich so von Billigpro-
dukten aus dem *WOOLWORTH* (3 Stück für 10 Mark)

unterschied, wurde später der ganze Brustkorb mit dem Emblem *Levi Strauß & Co.* oder *Wrangler* bedeckt. Das sind jedoch Beispiele für T-Shirts, wie man sie in jedem Jeansladen bekommt. Die Einordnung der T-Shirt-Besitzer muß daher vage bleiben.

In alternativen Kreisen tut man mit verschiedenen Aufdrucken kund, daß man mit dem Establishment nicht viel am Hut hat. Man formt in der eigenen Gruppe eine originäre Symbolik oder versammelt sich um ein schon existierendes, nun in einen anderen Zusammenhang gestelltes Symbol. Heavy-Metal-Fans zum Beispiel wetteifern um das T-Shirt mit dem schrecklichsten Monster, welches gut zu den Tätowierungen der Gang passen muß. Fans der Berliner Band *Einstürzende Neubauten* trugen in den Achtzigern T-Shirts mit einem Zeichen, das wie eine keltische Rune aussah. Damit standen sie stundenlang vor einer Berliner Diskothek namens *Dschungel*. In dieser Bar verkehrte Blixa Bargeld, der Sänger der Neubauten. Die Fans wurden wiederholt von den Einlassern abgewiesen, was ihren Gemeinschaftssinn nur noch stärkte.

Wichtig war, daß die Botschaft des T-Shirt-Aufdrucks so verschlüsselt wie möglich war und nur Mitglieder der gleichen Gruppe sich erkannten. Die anderen sollten sich verstört abwenden oder wenigstens konsterniert dreinschauen.

Heute, da jeder weiß, wie das Symbol der *Einstürzenden Neubauten* aussieht und das *Dschungel* geschlossen ist, geht der Trend ins Private und Individuelle. Das Ergebnis sind T-Shirts mit einem Foto der Ehefrau oder dem Lieblingsauto.

Nur noch politische Aktivisten tragen ihre Botschaften, etwa Friedenstauben oder die Reichskriegsflagge, mit Stolz auf der Brust. Der unparteiische Passant mag nun entscheiden, ob es sich bei den Bildern oder Texten auf den jeweiligen T-Shirts um ein Bekenntnis oder deren Ironisierung handelt.

Bei einer Botschaft wie *legalize it* zum Beispiel braucht man weitere Informationen, um den Kern der Aussage zu entschlüsseln. Die Frisur oder das Schuhwerk müssen Aufschluß darüber geben, ob der T-Shirt-Träger auf homosexuelle Partnerschaften oder den Konsum von Cannabis zielt.

In einigen Berufsgruppen dienen T-Shirts als Uniformen. Wenn bei einem Rockkonzert auf der Brust eines kräftigen jungen Mannes, der wie ein König schwitzt, die Aufschrift *Ordner* zu lesen ist, dann ist das selten ironisch gemeint. Steht an derselben Stelle nach zwei Stunden in den gleichen Lettern das Wort *Ficken*, hat der Ordner Dienstschluß und will originell wirken.

Kosten: Ein T-Shirt, bedruckt mit dem Foto der Liebsten, bekommt man ab 20,– DM im Copy-Shop. WARD (www.ward.de) verkauft Schönes für 50 bis 60,– DM.

UHREN

Die Bürger von Schilda bauten ein Rathaus und vergaßen die Fenster. Also wollten die Schildbürger etwas Licht in Säcken einfangen, um es in das Gebäude zu tragen. Soweit die Überlieferung. Nicht überliefert ist, ob die

Schildbürger auch vergaßen, eine Uhr in den Rathausturm einzubauen. Eher nicht. Seit es dem menschlichen
Erfindungsgeist gelungen ist, die Zeit mit mechanischen
Geräten zu messen, gibt es in Europa kaum noch einen
Turm, egal ob Kirche oder Profanbau, in dem keine Uhr
schlägt und uns an unsere Vergänglichkeit und die dem-
nächst anstehenden Termine gemahnt. Und auch die
Gestaltung der Uhren hat lange vor Dalí und seinem ins
Eigelb geflossenen Chronometer das Kunsthandwerk be-
flügelt. Uhren sind zu Wahrzeichen von Städten geworden; am Rathausturm in der Prager Altstadt drehen zum
Beispiel nach jeder vollen Stunde die zwölf Apostel ihre
Runde, in Ost-Berlin war und ist die Weltzeituhr Treff-
punkt von Liebespaaren und sächselnden bzw. seit 1990
schwäbelnden Wandertagsgruppen.

Heute gehören Uhren zu den letzten, fast untrüglichen
Zeichen für Herkunft und sozialen Status. *Rolex* ist ein
Zauberwort, und eine *Reverso* kennt der Normalsterbliche nur aus der Werbung im Wirtschaftsteil überregio-
naler Zeitungen. Überhaupt ist es auffällig, daß die Werbung für teure Chronographen vor allem im Wirtschaftsteil zu finden ist. Weiter vorn wird maximal für verspielte Billiguhren geworben, die angeblich von Piloten
benutzt werden. Es scheint einfacher, einen Flieger
zufriedenzustellen als einen Handlungsreisenden – zumindest was die Uhr betrifft.

So manchen Superreichen oder Promi, der in seiner Freizeit gern legere Kleidung trägt, würden wir – wäre da
nicht diese Uhr – kaum als eine VIP erkennen. Wenn sich
die Bodyguards dezent im Hintergrund halten, ist der
Mann vom gewöhnlichen Jogger kaum zu unterscheiden.

Er schwitzt und hat ein Handtuch um den Hals. Alle paar Meter macht er Dehnübungen und rückt seinen Walkman zurecht. Er denkt an Rocky I oder Marathonman und hat wegen Joschka Fischer die Grünen gewählt. Vielleicht hört er beim Joggen klassische Musik. Das kann man nicht wissen. Nur an der Uhr kann man ihn und seinen Status erkennen. Eine Automatikuhr in Platin mit Mondphasen ist wahrscheinlich ein Erbstück und teurer, als die Polizei erlaubt.

Vom Derrick-Darsteller Horst Tappert ist überliefert, daß er den linken Ärmel seiner Anzüge jeweils ein wenig kürzen ließ, damit die Rolex auch richtig zur Geltung kommt. Hol den Wagen, Harry.

Die erste Taschenuhr bastelte im ausgehenden Mittelalter der Nürnberger Handwerker Henlein. Sie war ein Affront gegen die katholische Kirche und trug nicht wenig zur Emanzipation des Bürgertums von Klerus und Feudaladel bei. Von da an mußten wohlhabende Menschen nicht mehr den Blick zum Himmel resp. Kirchturm heben, um zu wissen, wie spät es ist. Die Geste des Auf-die-Uhr-Schauens gewann zunehmend an Bedeutung. Für die Vorsteher in kleinen Manufakturen und die Bürobosse wurde sie sogar zur charakteristischen Pose. Breitbeinig standen sie in der Tür, um nach einem Blick auf die Taschenuhr tadelnd zu den Angestellten herüberzublicken.

Heute führt die Taschenuhr eher ein Schattendasein. Man kann nicht einmal mehr behaupten, den Vorsitzenden der SPD daran zu erkennen, daß er die Taschenuhr August Bebels, das sogenannte Bebelei, in der Weste stecken hat. Mit dem Parteivorsitz Willy Brandts endete auch diese Tradition. Und Brandt durfte das Bebelei behalten. Wahrscheinlich war es kaputt, weil Stasispitzel einen Magneten daraufgelegt hatten. Vielleicht war es sogar Günter Guillaume.

Nur im Sport hat sich die Taschenuhrgeste erhalten. Wem würde bei einem Silastiktrainingsanzug nicht sofort die Stoppuhr seines Sportlehrers einfallen, und wer kennt nicht den Anblick jenes Rudertrainers, der mit dem Fahrrad am Kanal entlangfährt, immer auf gleicher Höhe mit seinen Booten? Die linke Hand hat er am Lenker, die rechte hält die Stoppuhr. Abwechselnd schaut er auf die schwitzenden Sportler und aufs Zifferblatt. »Zieht, Jungs, ganz gleichmäßig«, ruft er dabei und ist stolz auf seinen Sekundenzeiger. Ansonsten ist die Taschenuhr beinahe völlig von der Bildfläche verschwunden, das heißt, sie ist von der Armbanduhr verdrängt worden.

Die Kinder bekommen für gewöhnlich ihr erstes besseres Modell zur Konfirmation überreicht, und die Oma, die es geschenkt hat, muß nun jeden Tag befürchten, daß der Enkel das gute Stück im Umkleideraum der Schwimm- oder Sporthalle liegenläßt. Bis in die achtziger Jahre war dabei das Tragen der Armbanduhr noch mit dem schönen Ritual des täglichen Aufziehens verbunden, aber auch dieses ist mittlerweile selten geworden. Schuld sind, wie immer in diesem Buch, die Japaner. Sie haben das quarzbetriebene Uhrwerk entwickelt. Die Japaner hatten sich wohl hauptsächlich an den Schweizern rächen wollen, die mit der Armbanduhr gewissermaßen den fernöstlichen Drang zur Verkleinerung vorweggenommen hatten. Und mit dem Aufziehritual verschwanden zunächst auch die Zeiger und Zifferblätter, denn der Markt wurde von Uhren mit Digitalanzeige überschwemmt. Die Quarzuhren waren anfangs gewissermaßen ein Synonym für Digitaluhren. Pubertierende Jungen starrten in den achtziger Jahren fasziniert auf die umherspringenden Zahlen. So mancher Vater zog sich statt mit der Zeitung nun mit seiner neuen Quarz-Digitaluhr und einem Taschenbuch aufs Klo zurück, um die Funktionen zu studieren. Das Taschenbuch war die Gebrauchsanleitung in fünf Sprachen. Im Klo machte er das Licht aus und erfreute sich an den Farben der Uhr. Rot oder grün leuchtende LED-Anzeigen waren die charmanten Vorgänger der heute nur noch grauen LCD-Anzeigen. Flüssigkristalle, verrieten die Jungen ihren verwirrten Großeltern. Und was die alles können!

Mechanische Armbanduhren hatten maximal eine Datumsanzeige, eine Stoppfunktion und eine Anzeige für die Restlaufzeit. Bei den Quarzuhren gab es darüber hinaus Wecker, Licht und Taschenrechner. Bis zu sechs Funktionsknöpfe konnte man am Gehäuse unterbringen, und jeden von ihnen dreifach belegen. Das machte schon was her. Mädchen blieben davon meist ungerührt, aber Jungen zeigten sich von diesen kleinen Wunderwerken der Technik schwer beeindruckt. Manchmal vergaßen sie sogar in der großen Pause zum Rauchen zu gehen. Vor allem, wenn eine Uhr ein kleines eingebautes Computerspiel hatte. Trotz alledem haben es die Quarzuhren nicht geschafft, die traditionellen und edlen Chronometer von den Handgelenken der Schönen und Reichen zu vertreiben. Sie sind zu billig und nicht vererbungswürdig. Außerdem fehlt das charakteristische Ticken. Hält man einem Baby eine Quarzuhr ans Ohr und sagt, daß es die mal erben wird, darf man wohl kaum auf eine Reaktion hoffen. Allein der Klang einer Rolex jedoch läßt das Baby lächeln, dabei weiß es noch nichts von Geld und Erbschaftssteuer.

So haben sich die Quarzuhren eine Existenz in der Fun- und Lifestyleecke einrichten müssen. Sie kokettieren mit ihren kurzen Laufzeiten und fahren in farbenfrohem Plastik auf. Manche Firmen ändern beständig ihre Kollektion und versuchen sich so Sammler zu züchten, die ihre Produkte abonnieren. Mit Farben wird vor allem die Käuferin gelockt, die zu jedem Kleid die passende Uhr benötigt. Darüber können die traditionellen Hersteller natürlich nur lächeln. Sie wissen, daß jemand, der es sich leisten kann, nur Uhren aus Gold oder Platin kauft, die zu jeder Farbe passen. Wenn ein junger aufstrebender Handelsmann mit begüterten Vorfahren eine Lifestylequarzuhr trägt, kann man sicher sein, daß alle seine Vorfahren noch leben und er, statt sich selbst ein teures Modell zu kaufen, auf sein Erbstück wartet.

Uhren gibt es in allen Preislagen. An der Kasse im Plus-Markt kann man ein gar nicht mal häßliches Modell für 19,90 DM kaufen. Eine Gucci-Uhr timepieces kostet ca. 10 000,– DM. Die Uhr Lange 1 (Lange & Söhne/Glashütte) mit seltenem Doppelfederhaus für drei Tage Gangdauer in Platin gibt es für 47 700,– DM.

VOLKSHOCHSCHULE

Eine Zeitlang herrschte das Vorurteil, Volkshochschulen seien so etwas wie verkappte Eheanbahnungsinstitute. Den Italienischkurs besuchten dem Vernehmen nach einsame Damen und Herren, denen eine Bekanntschaftsanzeige zu peinlich war. Natürlich schlugen sie zwei Fliegen mit einer Klappe: Im Urlaub konnten sie in der Landessprache ihren Espresso bestellen, und sie mußten nicht allein reisen. Doch es steckt mehr dahinter. Auf den Volkshochschulen gaben arbeitslose Akademiker ihr Wissen weiter, und Arbeiter und Angestellte saugten es auf, um für ihr weiteres Leben besser gerüstet zu sein. Außerdem legten sie hier die Wissensgrundlagen für ihr Rentenalter: Sie wollten das Abitur nachholen und dann studieren. Und so entwickelte sich in Deutschland tatsächlich eine Art dritter Bildungsweg, einer, der dem an der Universität jedoch keine Konkurrenz macht. Volkshochschulen sind eine wahrhaft demokratische, in der Arbeiterbewegung wurzelnde Errungenschaft; wer hier Kenntnisse über die Regionalgeschichte, den Aufbau eines klassischen Theaterstücks oder Goethes Farbenlehre erwirbt, tut das zumeist nicht mehr, um darauf sein Berufsleben zu gründen. Volkshochschule, ähnlich etwa wie Fußballspielen im Park, ist eine der billigsten und damit eben schönsten Formen von Luxus. Heute bieten die Volkshochschulen neben den üblichen Sprach- und Philosophiekursen auch Computerkurse und Einführungen in das Aktienwesen an. Erstere bilden natürlich die Voraussetzung für letztere.

Ausgewählte Preise (Volkshochschule Leipzig):

Kurs im Bereich Rechtsgrundlagen/Bauen/Wohnen:

G 53 oo9 B »Trennung, Scheidung, neuer Partner«

3 Unterrichtsstunden: 15,– DM

Kurs im Bereich Finanzwirtschaft/Börse/Rechnungs-
wesen/Steuern:

G 52 012 B »Börse IV, Fonds und Anleihen«

2 Ustd.: 30,– DM (Das Skript zum Preis von 2,50 DM kann
nur im Kurs erworben werden)

Kurs im Bereich Gesundheit:

G 81 230 G »Selbstverteidigung auf der Basis von Wing
Tsun« 18 Ustd.: 74,– DM

WINTERSPORT

Wer reich war und Lungenprobleme hatte, fuhr in der
ersten Hälfte des vergangenen Jahrhunderts zur Kur in
die Alpen. Dort saß er auf der Terrasse eines noblen
Hotels im Liegestuhl und blinzelte in die Sonne. Zuweilen saß er neben einem deutschen Herren namens
Mann und mußte sich vorsehen, ihm nicht ins Notizbuch
zu husten. Hoteldiener rückten die Cashmerefußdecken
zurecht und sorgten dafür, daß Heißgetränke und Häpp-
chen bereitstanden. Im Winter gesellten sich zu den
Lungenkranken die Sportler. Zu heißen Tees wurde
gekühlter Champagner gestellt, und auf den Liegestühlen
lümmelten sich schöne blonde Frauen in weißen
Schneeanzügen. Teure Sonnenbrillen blitzten unter nerz-
besetzten Kapuzen. Davos und St. Moritz hatten den
besten Klang. Manchem alten Kellner treten noch heute

die Tränen in die Augen, wenn er an die schütter be-
völkerten Pisten und schönen Menschen denkt, an Ziga-
rettenspitze an der Bar und die für einen Winter enga-
gierte französische Soubrette, die mit rückenfreiem Kleid
zwischen den edlen Norwegerpullovern posierte. Das
war die Zeit vor dem Massentourismus. Alles lief langsam und gediegen ab. In den sechziger Jahren, mit stei-
gendem Wohlstand, begann die Invasion der einfachen
Leute. Heerscharen von Projektanten und Bauarbeitern
zogen in die Alpen, im Rucksack Pläne für Hotels, Ma-
gerpensionen und Skilifts. Die Alpen wurden ausgebaut.
Tunnel um Tunnel wurde durch die Berge gebrochen,
und der alte Kellner bekam junge Kollegen. Das war die
erste Alpenrevolution.

Die Pisten sahen wie die Becken überfüllter Schwimm-
bäder aus, und Skilaufen gehörte nun auch für Auto-
mechaniker und Stenotypistinnen zum Winter wie der
Januar. Das Sozialamt übernahm sogar teilweise die
Kosten, um den Kindern seiner Klienten die Klassenfahrt
nach Galtür zu ermöglichen. Man zeigte, was man konnte
und was man hatte. Es war nicht nötig, die Preisschilder
an den Skibrillen, Stiefeln und Anzügen zu lassen. Der
Kenner sah die Marken und nickte beifällig oder schüt-
telte bedauernd den Kopf. »Fischer-Ski, ah ja«, flüsterte
man und versuchte, bei der Party in der Bar einen Platz
in der Nähe dieses Meisters zu ergattern. Übrigens sang
keine Soubrette mehr, sondern junge Damen in auf-
reizenden Dirndln schwenkten die Hüften zu verpoppten
Volksgesängen der Eingeborenen. Nebenan war Disco.
Die Exklusivität zog sich in die Ghettos höherer Lagen
zurück.

Die zweite Alpenrevolution orientierte sich am anarchistischen Ideal der Graswurzelrevolution. Sie wurde von Leuten getragen, die verwildert aussahen und sich entsprechend benahmen. Auf den Pisten tauchten zwischen den Skifahrern nun merkwürdige, eher unsportlich wirkende Gestalten auf. Sie trugen alte abgewetzte Jacken und Ohrringe. Sie verbreiteten einen bitter-süßlichen Geruch. Das ist Cannabis, wußten die Sozialkundelehrer. Aus kleinen Hütten abseits der Urlauberhotels drangen abends harte Crossover-Klänge. Was aber das auffälligste an den Gestalten war: Sie benutzten bislang unbekannte Sportgeräte und sprachen einen neuen Slang. Mit ihrem Surfer-Habitus konnten sie glatt einem Song der Beach Boys entsprungen sein. Diese Leute waren Snowboarder, und längst haben sie Habitus und Outfit geändert. Die alten Jacken wurden gegen Szene-Mode getauscht. Der Joint wurde von Whisky, Bier und Jagatee verdrängt. Nur Sozialkundelehrer ziehen manchmal einen durch, hinterm alten Schuppen und ganz einsam.

Die ARD startete im Januar 2001 eine Vorabendserie, die in der Snowboarderszene spielt. Die Serie heißt *Powder Park*. Damit hat sich der Mythos von den Alpenrebellen endgültig erledigt. Mittlerweile weiß jeder, was Freestyle und Halfpipe im Zusammenhang mit Schnee bedeuten. Neben den Snowboards eroberten Funski die Pisten und wurden so populär, daß das Pariser Modehaus Chanel entsprechende Bretter mit passender Skibrille und passendem Helm entwarf. Niemanden würde es wundern, wenn bald in den Parfümerien Wintersportabteilungen entstünden. Die Revolutionäre der ersten Stunde bedauern das natürlich und ziehen sich in den Tiefschnee zurück. Manchmal, spät am Abend, sieht man sie mit alten Kellnern weinen.

Skier der Kultmarke »Rage« kosten ab 2000,– DM aufwärts. Einfache Snowboards mit Bindung sind schon für 400,– DM, die dazugehörigen Schuhe für 200,– DM zu haben. Mitbedenken sollte man auch, daß das Leben in noblen Wintersportorten nicht eben billig ist: Der Glühwein kostet in St. Moritz wenigstens doppelt soviel wie der auf dem heimatlichen Weihnachtsmarkt, auch muß man für die Benutzung der einzelnen Pisten jeweils extra bezahlen.

YACHTEN

Kanäle haben die Eigenart, daß sie zwar wie Flüsse aussehen, aber keine sind. Sie sind keine fließenden Gewässer. Sie liegen waagerecht in der Gegend. Da die Landschaft diese Eigenart nicht teilt, müssen die Höhenunterschiede an verschiedenen Stellen durch Schleusen ausgeglichen werden. Wenn man mit dem Faltboot durch die Kanäle paddelt, die die Gewässer der Mecklenburger Seenplatte verbinden, kann es vorkommen, daß man sich ein Schleusenbecken mit einer etwas dickeren Yacht teilen muß. Der Yachtbesitzer beäugt den Paddler mitleidig. »So ein kleines Boot«, denkt er, »da paßt nicht mal eine Kiste Rotkäppchensekt rein.« Außerdem sitzt man im Paddelboot hintereinander. Man kann seinen Arm nicht um die Schultern der hübschen Begleiterin legen. Der Yachtbesitzer ist meist ein wenig dick und trägt einen

Kapitänsanzug. Eine teure Sonnenbrille sitzt auf seiner Stirn. Kommt der Paddler mit seinem Stoffboot zu nahe an den lackierten Yachtkörper, weiten sich die Augen des Dicken. Er duldet keinen Kratzer an seinem Prachtstück. Der Faltbootfahrer korrigiert seinen Kurs, bevor der Dicke eine Schimpfkanonade abfeuert, und macht an der Schleusenwand fest. Während das Wasser steigt, träumt der Dicke vom Ozean. Eines Tages, denkt er, wird er wie einst Onassis in der Südsee schippern. Um ihn herum liegen gebräunte Schönheiten in knappen weißen Bikinis auf dem Deck, und sein Heimathafen ist Monaco. Zur Not würde er auch eine Präsidentenwitwe ehelichen. Mit Yachten ist es wie mit Autos. Die wirklich edlen Teile (etwa eine *Hallberg-Rassy*) sieht man selten. Sie verstecken sich unter ihresgleichen oder auf offener See. Die teuersten Yachten sind riesig und haben Dutzende Seemänner als Besatzung. Benutzt werden sie zur erlesenen Freizeitgestaltung. Außerhalb der Fünfmeilenzone wird um Millionenbeträge gepokert. Manchmal verstecken sich auf diesen Yachten Mafiabosse und halten über verschlüsselte Funksprüche den Kontakt zu Politik und Unterwelt. Davon ist der Mecklenburger Yachtbesitzer weit entfernt. Er ist Apotheker oder höherer Beamter. Doch hofft er durch geschicktes Management in die oberen Etagen der Pharmaindustrie vorzudringen beziehungsweise durch Fleiß und Diplomatie auf die höchsten Ebenen der Staatsverwaltung.

Erstklassig gepflegte skipper- und bootsmannbetreute Yacht GFK 2 x MAN à 1100 PS; 2 x Generator à 16 KW, 24 kn, cruisingspeed, 5000 l Diesel, Wassermacher, Klima,

Heizung, alle nur erdenklichen Extras, 2 Doppelkab. 3 x
3er Kab. Crewkabine, hydr. Gangway, hydr. Kran f. Bei-
boot und 2 Jetskis
Verkauf incl. Steuer DM 1 950 000,–
(gefunden im Internet)

ZÄHNE

Der japanische Autor und Gitarrist Fukazawa erzählt in seinem Roman *Schwierigkeiten beim Verständnis der Narayama-Lieder* von einer alten Frau in den Bergen, die ihr makelloses Gebiß angesichts des nahenden Todes als Schande empfindet. Eines Nachts schlägt sie sich voller Sorge mit einem Stein einen Schneidezahn aus.

Des Autors Urgroßvater, Jahrgang 1899, pflegte einen anderen Umgang mit seinen Zähnen. Er trug schon im Alter von sechzig Jahren eine Prothese. Am Morgen nach einer Betriebsfeier im VEB Spinnereimaschinenbau Karl-Marx-Stadt mußten seine Frau und seine Kinder ausrücken, um die künstlichen Zähne zu suchen. Der angetrunkene Urgroßvater hatte sie während der Feier an einem vermeintlich sicheren Ort abgelegt, konnte sich aber, als er dann nach Hause aufbrach, nicht mehr erinnern, wo. Auch am nächsten Morgen nicht. Die Urgroßmutter muß sehr wütend gewesen sein. Zahnprothesen waren auch in den Sechzigern ein wertvolles Gut. Zum Glück fand die Oma die Zähne auf einem Briefkasten am Betriebstor.

Bis zum Ende des achtzehnten Jahrhunderts gab es so gut wie keine bildlichen Darstellungen von Zähnen. Die

Mona Lisa lächelt im Louvre mit zusammengekniffenen Lippen. Nur die Mundwinkel hat sie etwas hochgezogen. Geheimnisvoll soll dieses Lächeln sein. Vielleicht verbirgt sich dahinter aber auch eine stark sanierungsbedürftige Zahnreihe oder ein fehlender Eckzahn. Die Dentalmedizin war noch unterentwickelt, Zahnschmerzen wurden meist durch das Ziehen des Zahns beseitigt.

Im vergangenen Jahrhundert setzte eine rasante Entwicklung auf dem Gebiet der Zahnmedizin und Kieferorthopädie ein. In den Mündern wurden Zähne verschoben, bis sie ordnungsgemäß standen, die Lücken wurden gefüllt, und Problemfälle wurden je nach Wunsch und Geldbeutel silbern, golden oder leuchtend weiß überkront. Mit den Möglichkeiten wuchsen die Ansprüche, und makellose Zähne prägten bald das Schönheitsideal. Kennedy wäre ohne die großen weißen Zähne vermutlich nicht Präsident der Vereinigten Staaten geworden, und Marylin Monroe ohne sie nicht die berühmte Schauspielerin, die ihm Geburtstagsgrüße zuhauchen durfte. Vielleicht wäre Marlene Dietrich nie auf den Gedanken gekommen, sich die Backenzähne ziehen zu lassen, um ihren Wangen eine kühle Erotik zu geben; unnahbar und verletzlich zugleich.

Heute gehört ein strahlendes Lächeln zum sicheren Auftreten. Die Models auf den Plakatwänden haben ihre Münder halb offen, himbeerrote Zungen lecken über gerade weiße Zähne. Mit sichtbarem Zahnbelag oder Zahnlücke sollte man sich gar nicht erst um eine Führungsposition in der Wirtschaft bemühen, und wer könnte sich auch nur eine Empfangsdame mit kleinen braunen Stümpfen im Mund vorstellen. Ein mangelhaftes Gebiß verweist auf einen wankelmütigen Charakter. Wie so oft sind auch hier wenige Ausnahmen zugelassen, die Position des Geschöpfes, das aus seinem abnormen Gebiß seine Erotik bezieht, wird in Deutschland vom Schauspieler Jürgen Vogel besetzt.

Gute Zähne sind teuer. Um Ehemänner vor zu hohen Ausgaben zu schützen, gehörte in Finnland im letzten Jahrhundert ein komplett saniertes Gebiß gewissermaßen zur Aussteuer. Am besten war es, wenn die Frau mit einer Prothese in die Ehe ging; das heißt, sie ließ sich alle Zähne ziehen und durch strahlenden Kunstschmelz ersetzen und konnte somit auf diesem Gebiet keine Probleme mehr bereiten.

Mit dem Zahnkult betraten auch die Zahnspangen die sozialästhetische Bühne. Zahnspangen helfen Jugendlichen, während der schweren Pubertät zumindest ihre Zähne auf die Reihe zu bekommen. Sind sie regelrecht ausgerichtet, steht einem ordenlichen Start ins Liebes- und Erwachsenenleben nichts mehr im Weg. Haben Mitschüler in den Siebzigern die Spangenträger noch verspottet und gelacht, wenn diese die Drahtgestelle verschämt in Seifendosen und dann in der Schultasche verschwinden ließen, tragen aufgeklärte Heranwachsende zur Jahrtausendwende ihre Spangenbox am Kettchen um den Hals.

Zu den herausnehmbaren Spangen sind die festsitzenden gekommen. Eine Innovation, die in den Achtzigern ihren Weg aus Amerika auf den europäischen Kontinent fand und inzwischen hierzulande ebenso populär ist wie Jeans und T-Shirt. Festsitzende Spangen werden im Mund verklebt oder verschraubt. Das verlangt von den

Patienten längere sogenannte Sitzzeiten und macht die Behandlung entsprechend teurer. Allerdings sind sie erfolgversprechender und vielfältiger einsetzbar. Die jungen Mädchen tragen sie deshalb mit Stolz und im Wissen, daß die aufgeklebten kieferorthopädischen Hilfsmittel ihre Chancen beim Balzen auf dem Schulhof erhöhen, und das auch, wenn ihr Gebiß von weitem etwas kariesbefallen wirkt.

In Deutschland kann sich aufgrund eines sozialen Gesundheitssystems jeder Jugendliche die passende Zahnspange leisten. Bei entsprechender Mitarbeit, wie dem regelmäßigen Tragen des Gestells, erhält er sie zum Nulltarif. In Amerika aber sind diese kieferorthopädischen Hilfsmittel für manchen unbezahlbar. Man trägt sie dort als Zeichen des Wohlstands wie einen Adelstitel, je sichtbarer, desto besser. Und eben deshalb sind unter amerikanischen Jugendlichen die Headgears besonders beliebt. Mit Headgears wird das Gebiß durch Drähte gerichtet, die sich um das Gesicht winden und mit Gummis am Hinterkopf befestigt sind. Viele Knaben sehen damit aus, als wären sie gerade einer Folge von Star-Trek entsprungen, in der intergalaktisch Auswirkungen irdischer Adoleszenzprobleme thematisiert werden. Headgears sind die Zepter der Dentalästhetik.

Doch auch hierzulande sind, was die Zähne betrifft, längst nicht alle Menschen gleich. Weniger zahlungskräftige Patienten müssen weiterhin mit Ersatz aus Nichtedelmetallegierungen vorliebnehmen, Stahlzähnen sozusagen, wie man sie unverblendet von osteuropäischen Einwanderern oder Spätaussiedlern kennt. In manchen Ländern Osteuropas hat sich die Weißverblendung gerade deshalb nicht durchgesetzt, weil man so stolz auf das Gold im Mund ist und sich von den Silber- oder sonstwelchen Zähnen absetzen will. Den Kulturschock, den man in Westeuropa auslösen würde, sollte man einmal dahin gelangen, nimmt man in Kauf. Man will zeigen, was man hat.

In den letzten Jahren sind hierzulande eine Reihe von Privatkliniken für Zahnmedizin/Kieferorthopädie entstanden. Dort wird alles geboten, vom Bleeching bis zur Psychotherapie für Knirscher. Nach einem Kuraufenthalt kehrt man mit weißem, makellosem Gebiß nach Hause zurück. Ist man mit den Zähnen dann immer noch unzufrieden, kann man sie sich mit Zahnschmuck veredeln. Zum Beispiel läßt man sich ein wenig Schmelz aus einem Schneidezahn fräsen und in die Kuhle einen Brillanten setzen, zum Lächeln für die Ewigkeit. Der anfangs erwähnten japanischen Frau wäre ein solchermaßen geschmückter Zahn sicher von einem Erben ausgeschlagen worden.

Preise: Ersatz aus Nichtedelmetallegierungen (Stahlzähne): DM 16,– pro Stück. Einsetzen eines Brillanten im Schneidezahn: ca. DM 100,– (Den Brillanten muß man natürlich selbst kaufen und mitbringen.)

Personenregister

Literarische Spaziergänge mit Büchern und Autoren

Das Kundenmagazin der Aufbau Verlagsgruppe
Kostenlos in Ihrer Buchhandlung

| Aufbau-Verlag | Rütten & Loening | Aufbau Taschenbuch Verlag | Gustav Kiepenheuer | Der >Audio< Verlag |

Oder direkt: Aufbau-Verlag, Postfach 193, 10105 Berlin
e-Mail: marketing@aufbau-verlag.de
www.aufbau-verlag.de

Gregor Jochim
Lexikon der Filmpannen

160 Seiten. Broschur
Mit 77 Abb.
und einem Daumenkino
ISBN 3-378-01050-9

Manchmal stimmt was nicht im Film: Wasserfälle, die bergauf fließen, antike Kämpfer mit Rolex am Handgelenk, James Bond, der mit der Rechten ausholt und dann seine Linke am Kinn des Gegners plaziert – selbst Meisterregisseuren wie Hitchcock, Truffaut und Tarantino unterliefen Pannen dieser Art. Gregor Jochim, exzellenter Filmkenner und passionierter Kinogänger, hat genau hingeschaut und die unglaublichsten Fehler über Jahre hinweg zusammengetragen. Entstanden ist eine Sammlung, die sich dem Filmbusiness von seiner kuriosesten Seite nähert: ein vergnügliches Kompendium mit ausführlichem Register, gleichermaßen fesselnd für Filmfreaks und alle wachsamen Zuschauer.

»Jeder Regisseur hat zwei Wunschträume: Erstens will er einen Oscar gewinnen, zweitens möchte er einmal in seiner Laufbahn einen Kinofilm drehen, in den sich keine Panne eingeschlichen hat. Man darf behaupten, daß der Traum vom Oscar der realistischere ist.«

Gregor Jochim

Gustav Kiepenheuer
VERLAG

Das Buch der
Unterschiede
Warum die Einheit keine
ist
*Herausgegeben von Jana
Simon, Frank Rothe und Wiete
Andrasch*

*237 Seiten. Broschur
Mit 53 Abbildungen
ISBN 3-351-02521-1*

Eine Generation meldet sich zu Wort: 23 junge Autoren, die zur
Zeit des Mauerfalls nicht älter als zwanzig Jahre waren, beant-
worten die Frage, warum sich Ost und West so fremd geblieben
sind. In sehr persönlichen Geschichten treffen wir Westler, die
sich schon immer als Ostler fühlten, Ostler, die für Westler gehalten werden, und Leute, die es aufgegeben haben, sich darüber
Gedanken zu machen – und vielleicht ist das der erste Schritt in
die richtige Richtung.

»23 Autoren haben ohne moralischen Zeigefinger ein deutsches
Phänomen beschrieben. Ostalgie, Besserwesserei, Ossi-Wessi-
Gequatsche und Damals-war-ja-alles-besser gehen ans Nerven-
kostüm einer ganzen Generation, die sich gerade ihre Zukunft
aufbaut.«
Ostsee-Zeitung

»Deutschland leidet an einer Verständigungsneurose. Als Medizin
empfehlen sich diese 23 kleinen Erzählungsperlen.«
Die Welt

Aufbau-Verlag

Christophe André
Patrick Légeron

Bammel, Panik,
Gänsehaut
Die Angst vor den anderen

Aus dem Französischen
von Ralf Pannowitsch

240 Seiten. Broschur
ISBN 3-7466-1747-2

Auch wenn man nicht zur Fraktion der notorisch Schüchternen
gehört, die Angst vor anderen kennt jeder – sei es beim ersten
Rendezvous oder im Bewerbungsgespräch. Doch wie kommt es,
daß wir mitunter im Alltag so unsicher sind und in Situationen,
die schon Tausende vor uns bewältigt haben, feuerrot werden
und anfangen zu zittern? Das bekannte französische Psychologen-
team untersucht die Gründe für mangelndes Selbstvertrauen,
das von schlichter Nervosität bis zur ernsten sozialen Phobie
reichen kann, und zeigt, wie man peinliche Situationen unbeschadet übersteht.

»Das Buch ermutigt uns auf humorvolle Art, im Umgang mit
den anderen wir selbst zu sein… Eine solide, sehr sympatische
Ausnahme in der Szenerie der Psychobücher.«

Le Monde

A*t*V
Aufbau Taschenbuch Verlag

Roger Rössing
Da kommst du nie drauf
Die Welt des Rätsels

200 Seiten. Gebunden
Mit 30 Abbildungen
ISBN 3-378-01055-X

Das Rätselraten ist eine der ältesten Formen der Unterhaltung: Spätestens seit Ödipus das Urrätsel der Sphinx löste und damit Theben befreite, wird es als Kunst und Tugend zelebriert. Nun unternimmt der Publizist Roger Rössing einen fesselnden Streifzug durch die Welt des Rätsels. Unterhaltsam beschreibt er Sprach- und Scherzrätsel, erzählt von der Entstehung des Kreuzworträtsels und den literarischen Kopfnüssen, über denen Schiller, Goethe & Co. ins Grübeln gerieten. Aber auch die modernen Scharfsinnigkeiten eines Karl Kraus schildert er ebenso wie Geheimschriften, mit denen sich in Kriegszeiten ganze Heerscharen von Spezialisten beschäftigten. Und für alle, die beim Lesen auf den Geschmack gekommen sind, gibt es am Ende des Buches ein wirklich kniffliges Kreuzworträtsel.

Gustav Kiepenheuer
VERLAG

Tanja Schwarz
Der nächtliche Skater
Erzählungen

149 Seiten. Gebunden
ISBN 3-378-00638-2

Die jungen Frauen in diesen Erzählungen heißen Tina Rabe, Michelle Matussek oder Bambina Walz, und sie wissen alle noch nicht so genau, was sie wollen – wohl aber, was sie nicht wollen. Oft stehen am Anfang eine Verweigerung oder ein Abschied, und meist ist es ein schwieriges Stück Leben, ehe aus einer unscheinbaren »Annette Raupe« eine starke »Annette Schmetterling« wird. Zwölf Erzählungen voller Charme und feinem Humor liefert Tanja Schwarz in diesem Debüt, mit dem die neuerwachte deutsche Literatur um eine weitere, eigenwillige Stimme bereichert wird.

»Tanja Schwarz vermag es, treffsicher, direkt und schnörkellos zu erzählen, und baut dabei dennoch auf intelligente und verspielte Weise Zitate und Referenzen ein.«

Kulturnews

Gustav Kiepenheuer
V E R L A G

Willem Frederik
Hermans

Die Dunkelkammer
des Damokles

Roman

*Mit einem Nachwort
von Cees Nooteboom*

*Aus dem Niederländischen
von Waltraud Hüsmert*

*415 Seiten. Gebunden
ISBN 3-378-00640-4*

Nach 40 Jahren erscheint »Die Dunkelkammer des Damokles«
erstmals in deutscher Übersetzung: Mit diesem Buch hat Willem
Frederik Hermans einen der raffiniertesten Romane der modernen niederländischen Literatur geschrieben. Hermans ist einer
ihrer herausragenden Repräsentanten; Autoren wie Mulisch und
Nooteboom betonen immer wieder seinen prägenden Einfluß
auf ihr Werk. »Die Dunkelkammer des Damokles«, 1957 erschienen und in den Niederlanden ein Klassiker, wurde in etwa
ein Dutzend Sprachen übersetzt.

»Die Dunkelkammer des Damokles' beschreibt, was vom Menschen übrigbleibt, wenn der Firnis der Zivilisation wegfällt.«

Süddeutsche Zeitung

»Die niederländische Literatur dieses Jahrhunderts ist ohne
Willem Frederik Hermans undenkbar.«
Cees Nooteboom

Gustav Kiepenheuer
V E R L A G

Martin Suter
Business Class
Hörspiel

Mit Michael Wittenborn u. v. a.

1 CD mit Booklet (16 Seiten)
58 min. 12 Tracks
ISBN 3-89813-139-4

In der Schweizer »Weltwoche« begeistert er Woche für Woche mit Kolumnen aus der Welt des Managements: Martin Suter, ehemaliger Werbeprofi, langjähriger Präsident des Art Directors Club Schweiz und heute erfolgreicher Romancier. 12 seiner »Business-Class«-Geschichten gibt es nun in der Hörspielbearbeitung von Charles Benoit auf CD. Mit viel Ironie nimmt Suter die Götzen der Unternehmensspitze aufs Korn, führt durch den Dschungel des mittleren Managements und der niederen Chargen, zeichnet Rituale des Machterhalts, erzählt von Anbiederung und Intrigen.

Ausgezeichnet mit dem Prix Suisse 2000, Kategorie Hörspiel

»Ein Hieb in die nadelgestreifte Seite der Männerwelt.«

Weltwoche, Zürich

»Meisterhaft und von lakonischem Witz.«

Falter, Wien

DER > AUDIO < VERLAG
Mehr hören. Mehr erleben.

Thomas Kirdorf

Nivea. Aus dem Leben
einer Cremedose
Oder: Wie eine
Weltmarke entsteht
Feature

*Mit Maren Kroymann, Christa
Lorenz, Joachim Bliese u.v.a.*

*1 CD mit Booklet (16 S.)
62 min. 12 Tracks
ISBN 3-89813-160-2*

Im Jahr 1911, als die Damen ihre Körper noch aus den Ein-
schnürungen des Korsetts befreiten, kreierte ein Hamburger
Fabrikant eine neuartige Hautcreme und füllte sie in eine Dose:
Nivea, ein Klassiker der Körperpflege, war geboren, der Weg
zur Weltmarke nicht mehr aufzuhalten. Zum 90jährigen Jubi-
läum blickte Nivea im Herbst 2001 auf mehr als 11 Milliarden
verkaufte Dosen in 170 Ländern zurück.

Jetzt gibt es Nivea auch zum Hören: In zahlreichen Original-
tönen erzählt Thomas Kirdorf die Geschichte der kleinen blauen
Dose von der wilhelminischen Ära bis heute. Schauspielerin und
Kabarettistin Maren Kroymann moderiert dieses Feature, das
intelligent und unterhaltsam durch 90 Jahre Produkt- und Zeit-
geschichte führt. Das ideale Geschenk für die Pflege von Körper
und Geist ...

DER > AUDIO < VERLAG
Mehr hören. Mehr erleben.